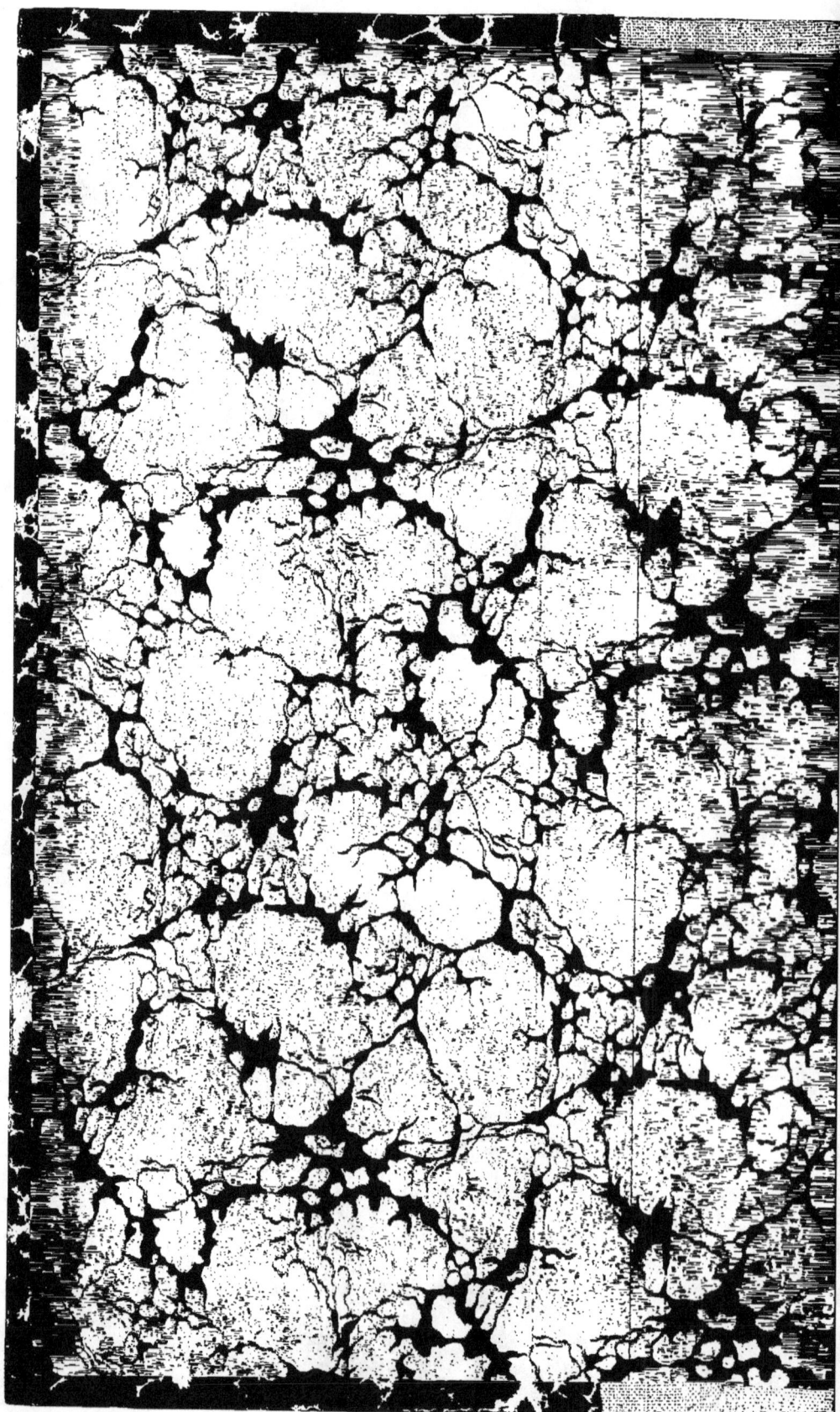

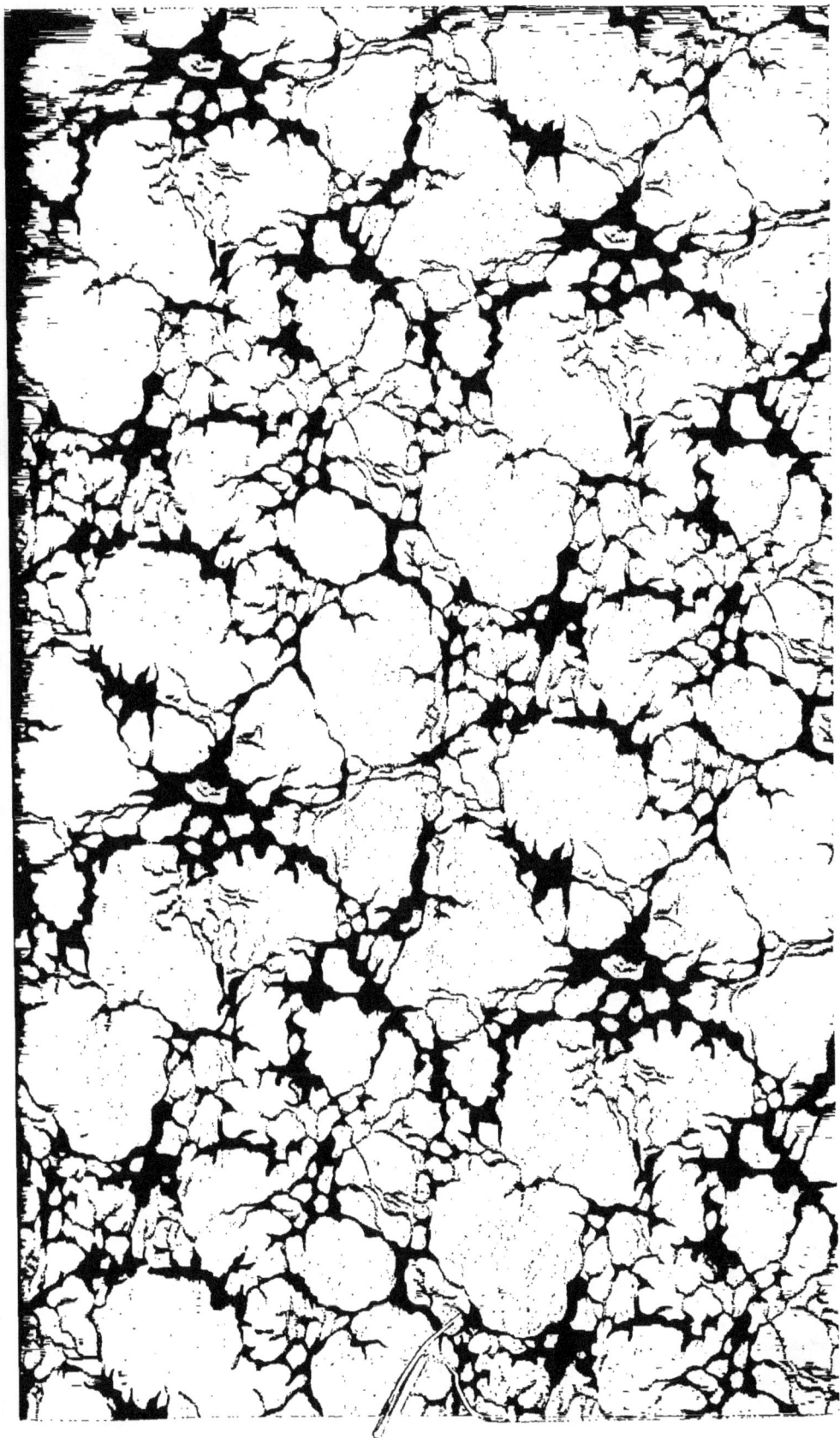

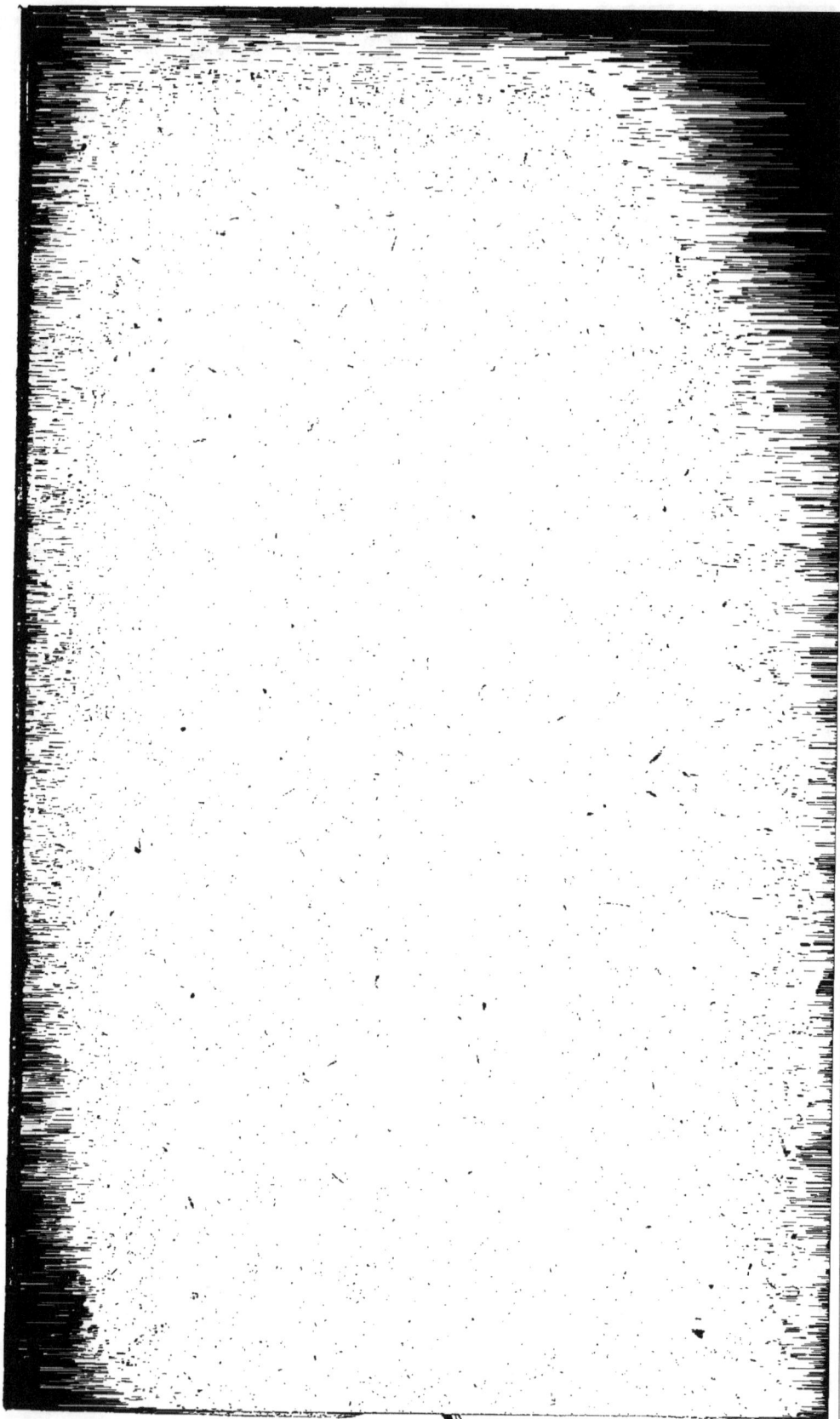

NOTICE

SUR

M. OUDIETTE

PRÊTRE

DE LA CONGRÉGATION DE LA MISSION

DÉCÉDÉ A PARIS, LE 6 FÉVRIER 1873

ANGOULÊME

IMPRIMERIE DE J.-B. BAILLARGER

Rue Tison d'Argence

1878

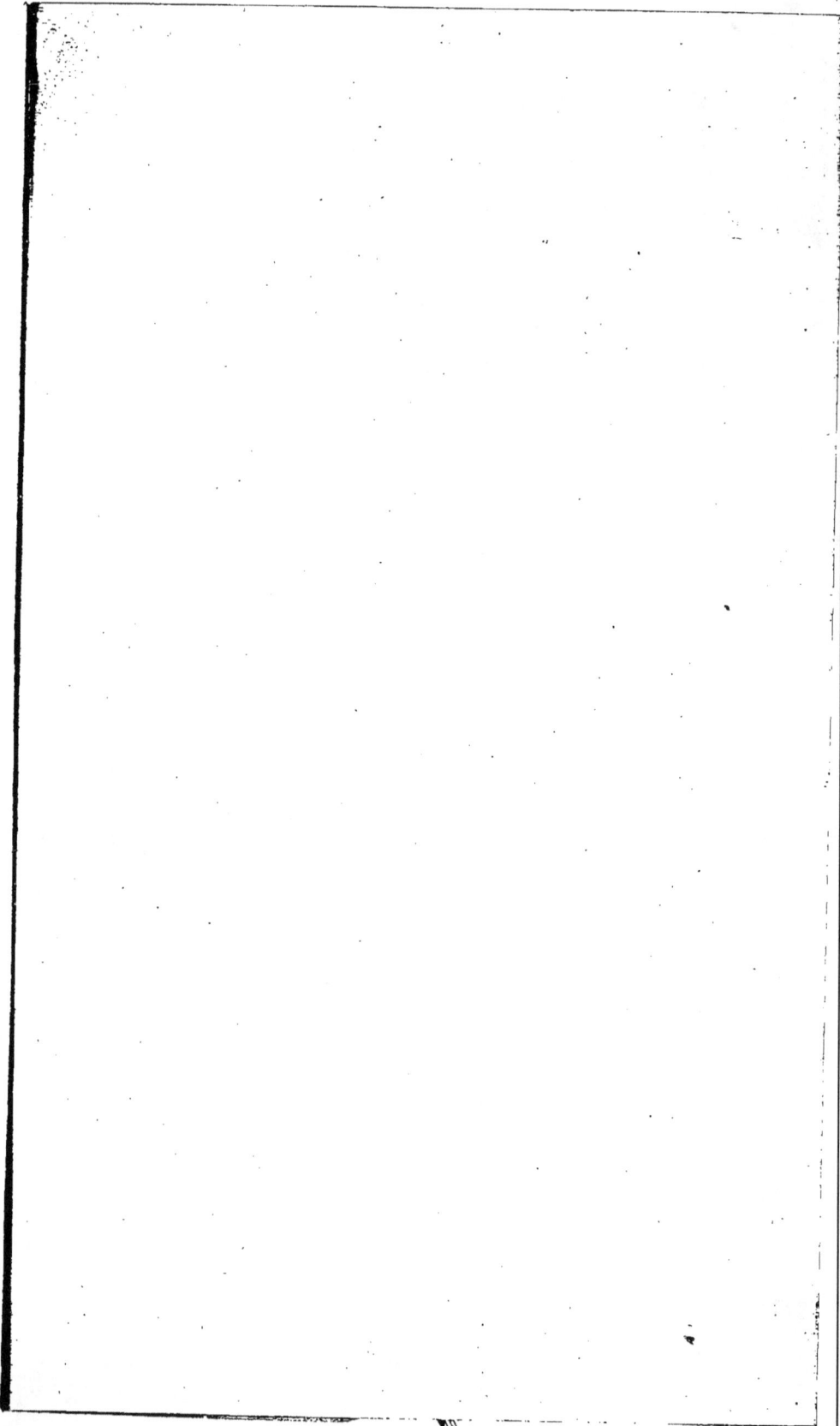

NOTICE

sur

M. PIERRE-HENRI OUDIETTE

NOTICE

SUR

M. P.-H. OUDIETTE

PRÊTRE

DE LA CONGRÉGATION DE LA MISSION

DÉCÉDÉ A PARIS, LE 6 FÉVRIER 1873

ANGOULÊME

IMPRIMERIE DE J.-B. BAILLARGER

Rue Tison d'Argence

—

1878

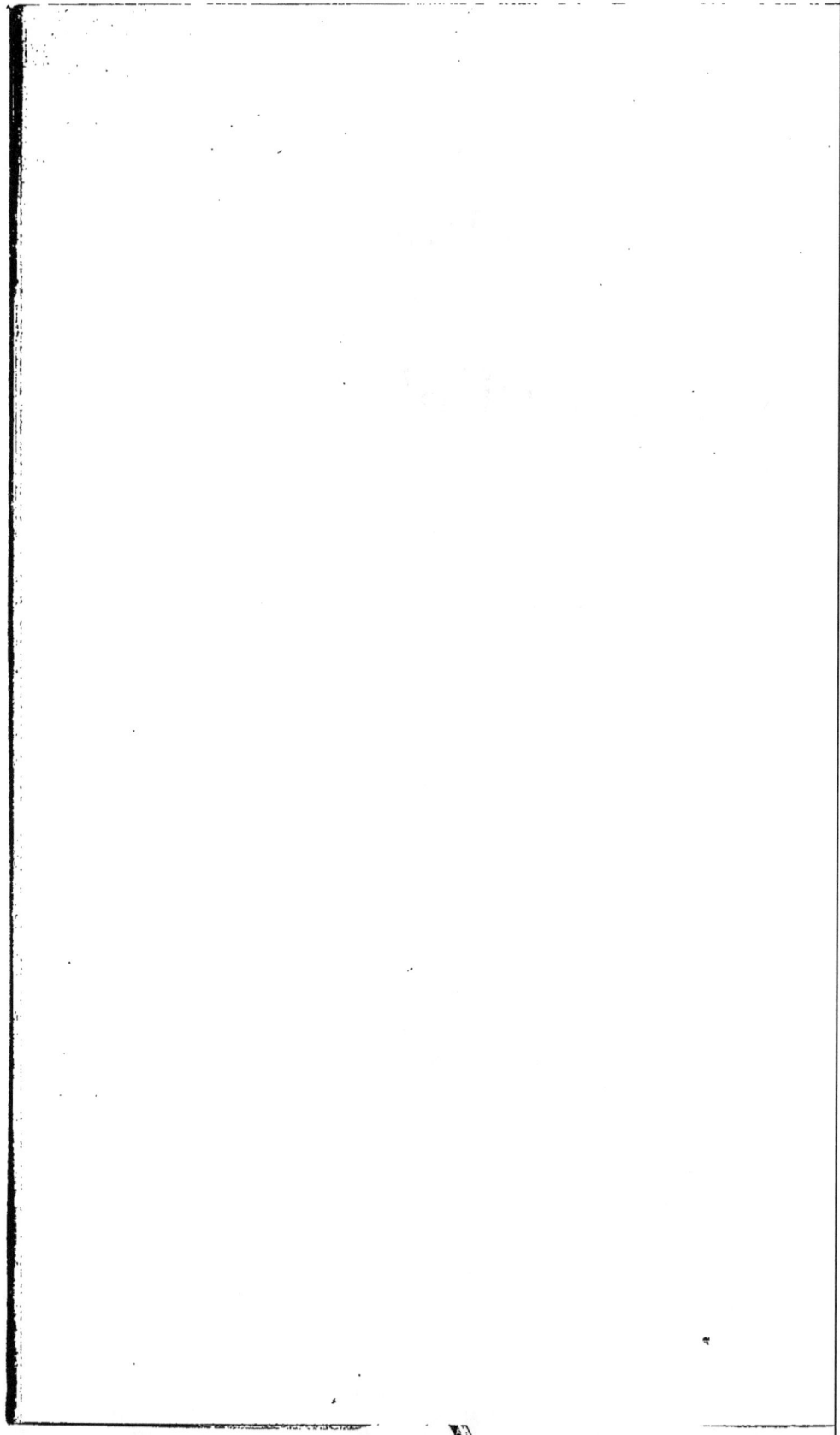

Nous sommes heureux de pouvoir enfin publier la notice de M. Oudiette si impatiemment attendue de tous ceux qui l'ont aimé. Mais, hâtons-nous de le dire, nous craignons qu'elle ne réponde pas à ce qu'on avait droit d'espérer ; il sera peut-être difficile à ceux qui ont pu apprécier vivant ce digne missionnaire, de retrouver, dans la pâle et faible esquisse que nous leur offrons, cette généreuse nature, cette sympathique et noble figure qu'ils ont connue si vivante et si tranchée. Et pourtant, nous croyons n'avoir rien négligé pour rendre ce travail moins indigne de son sujet et de l'attente générale et si bienveillante qui le réclame ; nous nous sommes spécialement fait une loi de n'admettre que des faits et des détails absolument certains et reposant sur les témoignages les plus incontestables. Du reste, nous nous hâtons de reconnaître la bienveillance et l'empressement qu'on a mis à nous transmettre les documents qui pouvaient nous guider, et nous nous faisons un devoir de remercier ici tous ceux qui nous les ont si généreusement fournis. Si cette notice peut offrir quelque intérêt, c'est à ces cœurs dévoués qu'on en sera redevable, car nous n'avons eu qu'à réunir en gerbe les épis qu'on nous a spontanément présentés.

Puisse cet humble travail, béni de Dieu, contribuer à faire un peu de bien aux âmes qui le parcourront ! puisse-t-il, par l'encouragement de l'exemple, ranimer quelques cœurs abattus, donner un peu d'énergie aux volontés chancelantes, enfin nous encourager et nous maintenir tous dans notre belle vocation au milieu des difficultés qui se multiplient, dans les tristes temps que nous traversons !

NOTICE

SUR

M. PIERRE-HENRI OUDIETTE

PRÊTRE

DE LA CONGRÉGATION DE LA MISSION

Décédé à Paris, le 6 février 1873

CHAPITRE PREMIER.

NAISSANCE ET ENFANCE. — ÉTUDES. — GRAND-SÉMINAIRE. —
MINISTÈRE PAROISSIAL.

Pierre-Henri Oudiette naquit le 15 juillet 1818 à
Ville-sur-Tourbe, dans le diocèse de Châlons. Il
fut le dernier de trois enfants dont l'aîné ne vécut
que quelques mois. Sa famille occupait une position honorable dans le pays, et quelques-uns de
ses membres y avaient rempli successivement les
fonctions de notaire, de bailli et de procureur
fiscal. Son père, Jean Damien, avait été arraché
jeune encore au genre de vie paisible de ses
ancêtres et brusquement jeté sur les champs de
bataille de la Révolution. Il rentrait dans ses foyers
à la fin de l'Empire, en 1814, avec le grade de
capitaine, et, cette même année, il épousait Anne
Soudan. Joignant à la bravoure du soldat la foi
pratique d'un vrai chrétien, il se choisit une com-

pagne digne de lui, et nous savons que Anne Soudan fut une épouse et une mère irréprochable.

C'est sous les yeux de tels parents que s'écoula la première enfance de Pierre-Henri. Naturellement et à son insu il fut formé aux pratiques d'une solide piété. Cependant le fond de son caractère ne tarda pas à se manifester, et dès lors, à ses paroles, à ses saillies enfantines, à son allure et à ses manières on put deviner en lui une riche nature, une âme d'élite, un vrai cœur d'homme sous des dehors rudes et emportés. Un jour que ses jeunes camarades s'entretenaient devant lui de leurs projets d'avenir, « Moi, leur dit-il, je ne me marierai pas ; car je n'épouserais qu'une femme qui ressemblât à ma bonne mère ! » et prenant un ton grave : « Je serai prêtre ou soldat ! » Mais cette gravité ne lui était guère habituelle. Son naturel l'entraînait vers les jeux bruyants au milieu desquels on l'a pourtant entendu dire avec une prudence rare à cet âge : « Mes amis, ne me provoquez pas, je sens que je serais méchant ! » Hâtons-nous de le dire, de ce naturel violent il ne lui resta plus tard, avec une indomptable ardeur pour le bien, que quelques saillies involontaires, rapides éclairs qui prouvaient par quels rudes combats il avait dû acheter la victoire sur lui-même.

Cependant, son intelligence s'étant montrée précoce, on songea de bonne heure à son instruction.

Il reçut les premières leçons à l'école du village. Il a fait lui-même l'éloge de son premier maître en racontant plus tard une circonstance de son enfance qui n'est pas sans intérêt :

« Dès mon premier âge, disait-il avec une sim-
« plicité charmante, mon maître d'école, homme
« très-distingué par sa science, aimait à nous
« donner des gravures. Il me souvient que la pre-
« mière que je reçus représentait un confession-
« nal ; un prêtre y était assis, et de chaque côté,
« à genoux, une Fille de la Charité avec sa blanche
« cornette... J'ai longtemps gardé cette image.
« Bien entendu que d'abord je n'eus pas la moindre
« idée de ce qu'elle voulait dire ; mais depuis, oh !
« comme j'ai compris et comme tous les jours j'en
« vois la signification ! »

Le moment arriva pour Pierre-Henri de quitter la modeste école, hélas ! et le foyer pieux, gardien de son innocence ; nous le retrouvons au collége de Sainte-Menehould ; mais quel changement ! Privé de ses bons parents, abandonné à lui-même, plongé sans sauvegarde dans un milieu impie, le pauvre enfant, avec sa nature bouillante et impres-sionnable, ne tarda pas à ressembler à ses tristes compagnons d'étude... Il se fit même distinguer par son esprit violent et indiscipliné. Il était loin de prévoir alors combien lui coûterait plus tard de larmes et de mortifications ce qu'il appellera un jour *ses égarements passés*.

Heureusement, ses parents ne tardèrent pas à

deviner ; il en faut si peu à l'œil et surtout au cœur d'une mère ! Sans hésiter, le père retira son enfant du collége, et, sagement conseillé par ses amis, il vint le présenter à l'abbé Musart, supérieur du petit séminaire de Châlons. Mais il avait compté sans l'énergique ténacité de son fils. Notre jeune collégien, placé soudain en face de ses nouveaux maîtres qu'on lui a appris à nommer des *calotins*, déclare carrément que jamais il ne mettra le pied dans cette *prison*. La seule vue de l'*homme noir* l'indigne... En vain le père a recours aux caresses, aux menaces. L'enfant s'obstine... A la fin pourtant, l'accueil bienveillant du digne prêtre, les marques de tendresse qui lui sont prodiguées, commencent par l'étonner, puis l'émeuvent insensiblement et finissent par le subjuguer ; il consent à tenter un essai, et reste au petit séminaire.

Ecoutons ici un de ses condisciples (1) : « Je fus « chargé d'être son mentor et je dus l'initier aux « règles de la maison. Pendant les récréations, sa « jeune âme commence à s'épanouir. Il est touché « de l'affabilité et de la charité de ses nouveaux « condisciples... Il commence à les apprécier, à les « estimer, à les aimer. Les plus réguliers sont « l'objet de ses recherches ; il se plaît à converser « avec eux... Quel changement en quelques mois ! « Il devint vite studieux, exemplaire... Ayant eu « le privilége de lui être uni par les liens d'une

(1) Lettre de M. Peyer, curé de Sivry.

« amitié selon Dieu, que de fois j'eus l'occasion de
« m'édifier à son approche! Souvent, dans ses confi-
« dences intimes, il m'exprimait son ardent désir
« de réparer tout le mal qu'il avait fait à Sainte-
« Menehould. Il me parlait de ses goûts pour le pro-
« fessorat dans un lycée... Et comme je l'engageais
« à porter plus haut ses vues et à se consacrer à
« Dieu dans une Congrégation où il pourrait satis-
« faire ses inclinations, — Oh non ! cher ami, me
« dit-il, ceci sera toujours un obstacle ! — et il me
« montrait sa chevelure rouge qu'il considérait
« comme un empêchement au saint ministère... A
« la fin de ses études classiques, il était aimé de
« tous ses condisciples dont il était le modèle. »

Le jeune collégien indiscipliné de Sainte-Menehould était vaincu ! Grâce à l'influence de la Religion, aux bons soins de ses nouveaux maîtres et
aussi grâce à son énergique volonté, Pierre-Henri
devint vite pieux, fervent, régulier. Son naturel
violent s'adoucit peu à peu, et, à la fin de son petit
séminaire, nous ne retrouvons en lui rien de l'enfant que nous avons connu au collége. Voici sous
quels traits nous le peint un de ses compagnons
d'études : « Grave, sérieux, réfléchi, travailleur ;
il était déjà un homme ! » Aussi ne serons-nous
pas étonnés d'apprendre que, dès cette époque, il
ait mérité à un haut degré la confiance de ses
maîtres et l'estime de tous ses condisciples. Et
lorsque, parvenu à la fin de ses classes, il dut
prendre une détermination et se choisir une route

dans la vie, personne ne fut étonné de le voir
aspirer à l'état ecclésiastique et entrer au grand
Séminaire.

Nous avons peu de détails sur les années que le
jeune lévite dut passer dans cette sainte maison
pour se former aux vertus sacerdotales. Mais on
peut sans peine deviner ses sentiments et son
émotion au moment solennel où, nouvellement
revêtu de cet habit ecclésiastique qu'il a appris
maintenant à vénérer, il franchit pour la première
fois le seuil béni du séminaire et se trouve seul
dans la douce solitude de sa cellule. Dans cette
atmosphère de piété, durant ces journées paisibles
et réglées, le long de ces corridors austères, en face
des murs nus de sa modeste chambre, il dut pro-
bablement songer au cloître, et l'image de la
Chartreuse, dont nous le verrons plus tard si
obsédé, a dû souvent se présenter à son esprit et
tenter son ardeur de vingt ans. Mais dès lors, et
par un étrange contraste qu'on rencontre parfois
dans les natures les plus ardentes, à côté de ces
aspirations généreuses qui le poussaient à l'immolation et à la fuite du monde, dès lors se montrait
en M. Oudiette un grand bon sens pratique, ce
maître de la vie, comme l'appelle Bossuet ; et loin
de perdre un temps précieux à de séduisantes et
faciles rêveries, notre jeune séminariste échappa
à un piége si fréquent à cet âge, et nous le voyons
se mettre immédiatement à l'œuvre avec ardeur
pour acquérir la science et la piété, ces deux leviers

sans lesquels le prêtre ne peut rien. Nous donne-
rons pour preuve ce mot de ses maîtres qui dit
beaucoup dans sa concision : « L'abbé Oudiette
est la *perle* de notre maison. » Voici du reste
comment l'appréciait un de ses condisciples :

« Au grand Séminaire, c'était un de nos modèles
« sous tous les rapports. Le soin qu'il mettait à se
« préparer aux Ordres prouve la haute idée qu'il
« en avait. Sa foi était vive, ardente, généreuse ;
« il voulait être un prêtre selon le cœur de Dieu.
« Songeait-il déjà, dans ce temps, à prendre place
« un jour parmi les dignes Enfants de saint Vin-
« cent de Paul ? On le dirait, à voir l'esprit de
« charité dont il était embrasé ; je n'en citerai
« qu'un trait. Pendant l'hiver qui précéda son
« ordination à la prêtrise, il y eut beaucoup de
« malades au Séminaire. Les infirmiers étaient
« accablés de fatigue ; l'abbé Oudiette s'offrait
« souvent pour passer la nuit auprès des malades
« et il savait se faire accepter malgré les bonnes rai-
« sons qu'on pouvait avoir de ne pas lui donner trop
« souvent satisfaction. Combien de fois, sous pré-
« texte d'une lettre à écrire, d'un travail pressant
« à faire, d'un examen à préparer, n'a-t-il pas
« remplacé les infirmiers qui, grâce à lui, pou-
« vaient alors jouir de leur récréation, tandis que
« le futur lazariste se tenait au chevet des malades.
« Et je vous assure qu'il ne les laissait manquer
« de rien... Celui qui trace ces lignes en sait quel-
« que chose ; il est un des infirmiers auxquels l'abbé

« Oudiette a procuré ainsi tant de bonnes récréa-
« tions... »

Cet éloge nous paraît bien mérité. En effet, que
d'efforts n'a-t-il pas fallu au jeune séminariste
pour arriver si vite à ce degré de vertu, avec un
esprit satirique dont les mordantes saillies s'échap-
paient spontanément ! Quatre années de luttes
incessantes avaient dompté cette fougue, poli
cette rudesse native, tourné vers le bien une
ardeur qui l'eût entraîné si loin dans le mal. A la
fin de son séminaire, le jeune lévite savait se faire
tout à tous, selon le conseil de l'Apôtre ; il avait
acquis la science à un degré plus qu'ordinaire ;
quant à la piété, il l'avait surtout montrée par la
manière vraiment édifiante dont il s'était successivement préparé à la réception des saints Ordres.
Jusqu'à la fin de sa vie il se servit de ces souvenirs d'ordination pour ranimer sa ferveur. A sa
mort, on a trouvé dans son bréviaire une gravure
qui ne le quittait jamais ; elle contenait ces dates
mémorables qui l'avaient vu s'avancer graduelle-
ment de la cléricature aux grandeurs du Sacerdoce (1).

Ordonné prêtre par Monseigneur de Prilly, le
17 juillet 1842, deux jours après, 19 juillet, fête
de saint Vincent de Paul, il était nommé curé de

(1) Date de ses ordinations : Tonsuré, le 15 juillet 1838 ;
Minoré, 12 juillet 1840 ; Sous-diacre, 19 décembre 1840 ;
Diacre, 18 juillet 1841 ; Prêtre, 17 juillet 1842.

la paroisse de Chouilly. Chouilly est un petit bourg de 960 âmes, à 5 kilomètres d'Epernay. Cette partie du diocèse de Châlons est loin d'être religieuse. Ses habitants, richement partagés au point de vue des biens de la terre, ne songent guère aux biens du ciel ; et le soin de leur âme les occupe bien moins que la culture perfectionnée de leurs grasses plaines et surtout de ces riches côteaux plantés de célèbres vignobles. Pour ces populations plongées dans l'indifférence, le curé n'est qu'un fonctionnaire payé par l'Etat pour faire des baptêmes et des enterrements. S'il est poli, *bon enfant*, on entretient avec lui quelques relations de bon voisinage, on le salue, on lui envoie les enfants avant la première communion, sauf à les retenir dès qu'elle est faite... et puis c'est tout ; on laisse le curé seul à son *métier*, c'est le terme courant, ou à ses affaires, c'est-à-dire, seul à l'administration des sacrements, seul aux offices de l'église, seul à la prédication, seul enfin aux œuvres diverses de son ministère. Pauvre curé, quelle triste solitude !

Et maintenant qu'on se représente débarquant au milieu de tels paroissiens un jeune prêtre nouvellement ordonné, sortant de l'atmosphère pieuse de son séminaire et arrivant sans expérience et sans usage du monde, avec ses illusions, son zèle et son ardeur de 24 ans ! quel désenchantement ! Tel était M. Oudiette quand il se présenta à Chouilly dans les derniers jours de juillet 1842 ;

on l'avait jugé capable, malgré sa jeunesse et son inexpérience, d'occuper un poste relativement important et, en outre, rendu difficile par le départ inattendu et regretté de son prédécesseur.

Petit de taille, maigre, d'apparence chétive, les cheveux rouges et le nez légèrement relevé, ce qui lui donnait un petit air moqueur, évidemment le nouveau curé aurait eu tort de compter sur ses avantages physiques pour aplanir les difficultés qui l'attendaient sur son premier champ de bataille ; au besoin, il eût été suffisamment détrompé par quelques réflexions peu flatteuses qui l'accueillirent à sa descente de voiture, comme il le rappelait plus tard lui-même ; et pour se donner du cœur en voyant le feu pour la première fois, il dut sans doute songer à la consolante parole de l'Apôtre : *Infirma mundi elegit Deus ut confundat fortia.* »

Réconforté par cette pensée, animé de cette conviction intime, et prenant pour base et point de départ la défiance de lui-même et une absolue confiance en Dieu, le jeune curé de Chouilly se mit immédiatement à l'œuvre ; et durant dix ans, jusqu'en juin 1852, il resta résolument sur la brèche. Hâtons-nous de dire qu'un succès inespéré répondit bientôt à ses efforts. Ecoutons ses anciens condisciples et amis lui rendant témoignage après sa mort : « Au bout de quelques mois, les dispositions de ses paroissiens étaient complètement changées

à son égard » (1). — « Il prouva bien vite à ses supé-
« rieurs qu'ils n'avaient pas trop présumé de lui
« en l'envoyant dans ce poste de confiance. En
« moins d'un an il avait conquis toutes les sym-
« pathies et il était maître absolu du terrain.
« Aussi le jour de son départ de Chouilly fut un
« jour de deuil et pour ses paroissiens et pour ses
« confrères voisins... » (2). — Au mois de juin 1852,
« il quittait Chouilly, et depuis, jusqu'à ce jour,
« on a conservé de lui le souvenir le plus vivant,
« le plus respectueux et le plus affectueux à fois.
« Le nom de M. Oudiette revient à chaque instant
« dans les conversations et toujours avec les plus
« grands éloges. Il est resté pour les habitants
« de Chouilly le type du bon prêtre ; et le plus
« souvent, en parlant de lui, on se sert de cette
« expression significative : *Le bon M. Oudiette*.
« Il y a quelques années, à l'occasion de la mort
« de sa sœur, il fut obligé de venir dans sa
« famille ; j'en profitai pour l'inviter à revoir son
« ancienne paroisse. Je fus touché jusqu'aux
« larmes de l'accueil qui lui fut fait. Il arriva,
« sans avoir été annoncé, un soir du mois de
« septembre. Dès le lendemain matin, il y avait
« plus de deux cents personnes l'attendant à
« l'église pour assister à sa messe ! Et le soir, au

(1) Lettre de M. l'abbé Caquot, curé actuel de Chouilly.
(2) Lettre de M. l'abbé Noblet, chanoine, curé-archiprêtre
de Châlons.

2

« salut, l'assistance était aussi nombreuse qu'aux
« plus grandes fêtes de l'année » (1).

Tous ces témoignages prouvent suffisamment
que le passage de M. Oudiette ne fut pas infruc-
tueux dans cette paroisse. Mais pour triompher de
tels obstacles, pour faire le bien que nous venons
de constater et pour laisser après lui des souvenirs
aussi durables, comment s'y prit ce jeune prêtre
inexpérimenté, et quels moyens employa-t-il ?
Il nous est permis de le deviner, grâce à un docu-
ment précieux écrit de la main de M. Oudiette
pendant son séjour à Chouilly et trouvé après sa
mort dans ses papiers. Ce manuscrit qui renferme
80 pages in-folio d'une écriture très-fine, n'est que
la IV⁰ partie d'un travail plus considérable ; il
pourrait être intitulé : *Le bon Curé : ce qu'il doit
être — Ce qu'il doit faire — Ce qu'il doit éviter*.
Après l'avoir lu, après avoir écouté le témoignage
de ses anciens amis, il est impossible de ne pas
conclure, sans hésiter, qu'en faisant le portrait du
Bon curé, M. Oudiette se peignait lui-même, sans
y songer, et que, toutes les vertus qu'il exige du
véritable pasteur, il a commencé par les pratiquer
lui-même. Pour le prouver, nous n'aurons pas
recours à une analyse froide et ennuyeuse de ce
long et substantiel traité ; nous n'avons qu'à
puiser dans les lettres si intéressantes des anciens
confrères du curé de Chouilly.

(1) Lettre de M. l'abbé Caquot.

Tout d'abord, M. Oudiette se montra bon, et pour cela il n'eut pas grands efforts à faire, il laissa agir son cœur. Or, le meilleur moyen d'attirer les âmes, de les gagner, comme aussi de triompher de l'oubli, c'est à coup sûr la bonté. « Comment « M. Oudiette avait-il pu se concilier l'estime et « l'affection d'une manière aussi durable ? Sans « doute, par un ensemble de qualités éminentes ; « mais ce fut surtout par son cœur... Il eut le cœur « le plus riche et le plus dévoué, et son dévoûment « fut toujours le plus complet, le plus sincère, le « plus joyeux, le plus saint et le plus pur » (1).

Il voyait souvent ses paroissiens, et dans ses visites il leur parlait en vrai père, s'occupant avec bienveillance de leurs intérêts temporels et nenégligeant jamais leurs intérêts spirituels. « Il leur prê- « chait toujours ; il allait les prêcher chez eux ; il « les attirait chez lui pour les prêcher encore...» (2).

Il eut recours aux œuvres du zèle, telles que confréries, réunions pieuses, etc. « Il avait formé « une petite Conférence de Saint-Vincent de Paul « composée surtout des jeunes gens du village ; et « l'argent donné pour l'amusement faisait les frais « de la charité. On se réunissait au presbytère ; il « y avait d'abord une instruction, puis venait une « aimable récréation où ce bon père jouait fami- « lièrement avec ses chers enfants. Il avait établi

(1) Lettre de M. l'abbé Caquot.
(2) Id.

« aussi une société de Dames de Charité... Il créa
« une petite bibliothèque paroissiale. Il prêchait
« encore par les images, statuettes, tableaux reli-
« gieux, etc., que sa générosité prodiguait et que
« nous retrouvons encore dans les familles conser-
« vés avec un religieux et affectueux respect...» (1).

Ce fut particulièrement à l'égard des pauvres et
des malades que ce cœur si bon sut se montrer. Il
dépensa sans calculer... On traitait parfois sa
charité d'excessive et on lui en faisait un reproche;
il laissait dire et continuait en se cachant de son
mieux. Aussi que de vieillards, que de familles
entières ne vivaient uniquement que des secours
venus du presbytère ! « Une nuit d'hiver M. le
« curé revenait de visiter des malades ; il trouve
« sur son chemin un malheureux qui lui tend la
« main et demande l'aumône; à peine l'a-t-il reçue
« que, touché de ce bon cœur, l'infortuné montre
« ses pieds nus et rougis par le froid; à l'instant
« et sans hésiter le bon curé quitte ses chaussures
« et les donne au pauvre nécessiteux » (2).

« La terrible épidémie de 1849 fit éclater d'une
« manière admirable son dévouement pour les
« malades. Durant les mois de septembre et d'oc-
« tobre, il y eut plus de cinq cents malades dans
« sa paroisse; sur une population de mille habi-
« tants, une centaine succombèrent à la suette ou

(1) Lettre de M. l'abbé Caquot.
(2) Id.

« au choléra. Les infirmiers manquaient; les
« parents eux-mêmes s'éloignaient effrayés... Le
« courageux curé remplaça tout le monde. Durant
« ces deux mois, il ne se coucha pas un seul jour,
« et ses repas, qui consistaient dans un morceau
« de pain, il les prenait dans la rue en courant à
« ses malades. On le voyait passant d'une maison
« à l'autre, rendant à chacune des victimes de la
« terrible épidémie les soins les plus empressés,
« les plus pénibles, les plus dégoûtants !... Pas un
« seul de ses nombreux malades ne mourut sans
« sacrements, et plusieurs lui doivent la vie » (1).

Nous abrégeons ces citations intéressantes et
nous terminons par cet éloge d'un de ses amis :
« Dans la paroisse de Chouilly, M. Oudiette fut
« un bon curé dans toute la force du terme. On ne
« peut dire à quelle continuité de pénibles travaux
« il s'est livré pendant son ministère de dix ans.
« Du soir au matin, il était tout entier à procurer
« le salut des âmes dont Dieu l'avait constitué le
« gardien et le père. Tous ses jours furent des
« jours pleins » (2) !

Tel a été M. Oudiette durant les dix ans qu'il
passa dans le ministère à la cure de Chouilly ; mais,
comme il est facile de le comprendre, ce théâtre
ne suffisait plus à son zèle et Dieu allait l'appeler
à faire du bien à un plus grand nombre d'âmes.

(1) Lettre de M. l'abbé Caquot.
(2) Id.

CHAPITRE II.

ENTRÉE DANS LA CONGRÉGATION. — SÉMINAIRE. —
SÉJOUR A CARCASSONNE. — FUITE A LA CHARTREUSE.

Si la vocation religieuse est un des plus grands
honneurs que Dieu puisse faire à l'homme, c'est
en même temps une bien lourde responsabilité et
le principe des plus graves obligations. De bonne
heure M. Oudiette avait compris l'un et l'autre.
Dès qu'il se sentit appelé de Dieu, — et ce fut,
croyons-nous, dès son séminaire, — son noble
cœur dut battre à la pensée de suivre de si près le
divin Maître en prenant place dans ce bataillon
d'âmes d'élite qui, depuis dix-huit siècles, quittent
tout pour s'engager dans la voie étroite des conseils évangéliques. Le sacrifice allait à sa généreuse
nature. « Soldat ou prêtre ! » disait-il tout enfant;
il était destiné à un plus grand honneur !

Mais avec ce cœur généreux, naturellement
épris des honneurs austères du sacrifice, il avait
reçu de Dieu et de sa mère chrétienne une conscience délicate et prompte à s'alarmer en face des
responsabilités. Aussi, quoique dès longtemps
fasciné par la sévère grandeur de la vie religieuse,
il se sentit longtemps arrêté par la vue de ses
graves obligations. Longtemps il réfléchit, long-

temps il médita dans la solitude du séminaire ; et durant les dix années de son ministère paroissial il ne cessa de peser ses forces, de compter les devoirs multiples de l'état sublime vers lequel il se sentait si vivement porté. Dans cette ardente nature, si susceptible des entraînements de l'enthousiasme, la vocation pourtant ne fut pas un élan, mais un calcul froidement raisonné. Et ce n'est que dix ans après son ordination sacerdotale, à l'âge de trente-quatre ans, après avoir longuement étudié les desseins de Dieu, après avoir fait successivement plusieurs retraites dans diverses communautés religieuses, qu'il arrête définitivement sa résolution. Ayant tout réglé avec le directeur de sa conscience et obtenu, quoique avec peine, la permission de son Évêque, il s'échappe de sa paroisse qu'il laisse dans le deuil et vient frapper à la porte de la Congrégation des prêtres de la Mission qu'il avait connus au grand Séminaire de Châlons.

Ce fut le 18 juillet 1852 qu'il commença son noviciat, qui, du reste, devait être fort court. Deux de ses condisciples de Châlons (1) l'y avaient déjà précédé. L'un d'eux, maître des novices depuis peu, fut doublement heureux de l'accueillir : il revoyait un ancien ami, et il comptait l'offrir comme modèle aux jeunes gens qui, sous sa conduite, travaillaient à devenir de dignes enfants de saint Vincent de

(1) M. Chinchon, entré en 1841, et M. Gillot, en 1846.

Paul. Son espoir ne fut pas déçu. M. Oudiette fut
vite pour tous un sujet d'édification. En changeant
de théâtre, sa vertu se montra sous un nouvel
aspect ; après la vie active du ministère paroissial
où son zèle ne l'avait jamais laissé oisif, il se mit
avec une égale facilité et une égale ardeur à ce
genre de vie calme et monotone d'un noviciat. Sa
régularité exemplaire, sa piété si vive, sa foi
ardente, sa profonde humilité, la facilité avec
laquelle il sut, à son âge, se plier aux mille exi-
gences d'un règlement minutieux et sévère, sa
promptitude à remplir les emplois les plus humbles
et parfois les plus ennuyeux du Séminaire interne,
tout, en lui, contribua à édifier. Mais ce fut surtout
dans les récréations qu'il sut exercer une salutaire
influence sur les jeunes confrères qui l'entouraient
si volontiers et se pressaient joyeusement autour
de lui. Sa gaieté, son entrain habituel, ses joyeuses
saillies déridèrent bien des jeunes fronts soucieux
et ramenèrent la sérénité dans ces pauvres âmes
si facilement troublées. On aimait à entendre cette
parole franche et enjouée qui, sans jamais blesser
la charité fraternelle, savait toujours donner à la
conversation un ton aimable, tout en lui assignant
un but utile et édifiant. Ce qu'il avait su si bien
faire, curé de Chouilly, au sein des familles, sur
les chemins, dans les champs, partout, édifier et
instruire en égayant, il le fit, novice, avec le
même succès au milieu de ses jeunes confrères,
peut être plus difficiles que ses paroissiens. Quel-

ques semaines suffirent pour le faire connaître et apprécier. Et quand, après trois mois, il dut quitter le Séminaire interne, suffisamment formé, il y laissa un souvenir édifiant et vivace ; plus tard, quand, profitant des vacances pour revoir la maison-mère, il reparaissait dans la cour, c'était une fête pour ses anciens confrères du Séminaire interne ; tous s'empressaient d'accourir et l'entouraient avec sympathie, désireux de le voir et de l'entendre encore une fois.

Dix ans auparavant, à Châlons, à la fin de son grand Séminaire, M. Oudiette avait été jugé capable de diriger une grande paroisse ; après trois mois de Séminaire interne, ses supérieurs nouveaux, l'ayant vu à l'œuvre, n'hésitèrent pas à lui confier une mission plus importante : il fut envoyé comme Directeur au grand Séminaire de Carcassonne et chargé de la noble et difficile mission de former des prêtres. Rendu à son poste vers la fin de septembre 1852, M. Oudiette se mettait à l'œuvre quelques jours après et inaugurait ardemment, comme toujours, le nouveau et si important ministère que la Providence venait de lui confier.

L'expérience des œuvres qu'il avait déjà acquise; la connaissance de la théologie qu'il n'avait cessé, depuis son séminaire, de cultiver avec amour ; l'étude particulière qu'il avait faite, durant son séjour à Chouilly, des difficultés du ministère paroissial et des moyens d'y réussir, comme le témoigne le manuscrit déjà mentionné ; enfin sa piété ardente, son caractère franc et ouvert, sa parole facile et aimable, tout, en un mot, le mettait à même de rendre les plus grands services aux jeunes séminaristes ; aussi, fut-il bien vite connu, apprécié, estimé, aimé.

L'influence d'un Directeur de grand Séminaire peut s'exercer de mille manières, mais surtout par l'enseignement, la direction des consciences et l'édification. Dans ce ministère si difficile tous n'ont pas un égal succès ; et il est bien rare que le même homme réunisse à un égal degré toutes les qualités si diverses qu'il exige. On peut posséder la science et n'avoir pas le don de la communiquer ; tel excellera dans la direction des âmes, qui n'aura pour l'enseignement qu'une aptitude médiocre. Sans crainte d'exagérer, on peut dire qu'au Séminaire de Carcassonne M. Oudiette fut, tout à la fois, bon professeur, excellent directeur, et surtout un modèle accompli pour les jeunes aspirants au sacerdoce. A ce sujet, les témoignages multiples de ses confrères et de ses anciens élèves ne permettent pas le moindre doute.

Il professa d'abord la philosophie, puis la théologie dogmatique, durant plusieurs années. Ce genre d'enseignement, qui allait à son esprit net et précis, le montra à ses élèves comme un maître. Avec une rare facilité d'élocution, et d'un style toujours coulant et imagé, il exposait et développait si lucidement les questions les plus abruptes

de la métaphysique ou du dogme, que les moins
intelligents pouvaient le suivre, et le résultat des
examens a toujours prouvé qu'il avait été universellement compris, goûté et suivi. Ecoutons le
témoignage d'un de ses confrères : « Son ensei-
« gnement fut très-goûté des élèves ; ils étaient
« frappés de son intelligence, de la pénétration de
« son esprit, et des recherches approfondies qu'il
« avait dû faire pour établir sa doctrine sur des
« preuves aussi solides... »

« Sa direction spirituelle, continue le même
« confrère, était très-estimée des nombreux sé-
« minaristes qui s'adressaient à lui. Il gagnait
« d'abord la confiance et l'affection de ses péni-
« tents en leur témoignant le plus vif intérêt. Il
« étudiait avec grand soin les divers caractères, et
« cette connaissance était la base sur laquelle il
« s'appuyait pour établir dans les âmes les vertus
« solides.Son but principal était de bien inculquer à
« ceux qu'il dirigeait l'esprit de foi qui doit accom-
« pagner le prêtre dans toutes les fonctions de son
« ministère... Ce qui fait le meilleur éloge de la
« direction de ce cher confrère, c'est que, long-
« temps après leur sortie du séminaire, ceux qu'il
« avait guidés venaient avec empressement s'ins-
« pirer de ses conseils... »

Cette appréciation, quoique juste, est loin de
dire toute la vérité sur l'aptitude vraiment merveilleuse de M. Oudiette à conduire les âmes. Ceux-
là seuls peuvent s'en faire une idée vraie, qui ont

été sous cette sage direction. En tout cas, on peut dire, sans crainte d'exagérer, qu'il a excellé dans cet art des arts, comme l'appelle saint Grégoire.

Quant à la salutaire influence qu'il exerça sur les séminaristes par l'édification et l'exemple, nous ne craignons pas de dire qu'elle fut profonde, durable et en rapport avec sa rare humilité. Nous parlerons plus loin de son esprit de foi, de sa mortification, de sa charité et de ses autres vertus. Il nous suffira de dire ici que tous les témoignages s'accordent à constater le bien immense qu'opéraient la seule vue et le commerce de ce cher confrère. « En tout et toujours, écrit un de ses anciens « élèves, on sentait en lui le souffle de la piété et « de la ferveur... Que de fois n'ai-je pas entendu « dire autour de moi : — M. Oudiette est un rude « chrétien ! — Aussi était-il universellement estimé « et aimé des séminaristes, et leur affection était « fondée sur la connaissance de sa vertu. L'annonce « de son départ causa parmi nous une désolation « générale et les regrets furent unanimes... »

On ne sera pas étonné de ce témoignage et de ce bien opéré si l'on se souvient que, dès la fin de son petit séminaire, ses condisciples disaient de lui : « C'est un homme ! » que, durant son grand Séminaire, ses maîtres le proclamaient « la perle de la maison » et qu'à Chouilly, ses paroissiens ne l'appelaient que « le bon M. Oudiette » et ses confrères « le bon curé ! »

Entré un peu tard dans la Congrégation et en

quelque sorte ouvrier de la *neuvième heure*, il s'était hâté de se mettre à l'œuvre et de racheter le temps par l'activité et la ferveur. Il n'avait pas eu de peine à prendre l'esprit de sa nouvelle famille ; depuis longtemps déjà il en était animé. Ses œuvres et ses emplois n'avaient eu rien de nouveau pour lui ; il était, de nature et de cœur, enfant de saint Vincent. L'humilité, la simplicité, la charité, la mortification, le zèle des âmes, toutes ces vertus qui sont comme les facultés et les organes de la petite Compagnie, depuis longtemps il les aimait, il les pratiquait, il aspirait surtout et travaillait énergiquement à les acquérir à un plus haut degré. Aussi, quand, après deux ans d'épreuve, l'espoir lui fut permis de faire les saints vœux et de s'engager irrévocablement à servir Dieu et les pauvres dans la famille de saint Vincent, il sollicitait cet honneur et cette *faveur* par une lettre où, à côté de sa profonde humilité, percent son attachement à sa vocation et son ardent désir d'y correspondre. Nous ne résistons pas au plaisir de la transcrire.

« Carcassonne, le 25 mai 1854.

« Monsieur et très-honoré Père,

« Votre bénédiction, s'il vous plaît.

« J'ai reçu le conseil de m'adresser sans délai à
« votre bonté pour obtenir la permission de faire
« les saints vœux le 19 juillet prochain. Il me
« serait bien doux de suivre ce conseil si j'avais

« l'espoir de n'être pas inutile dans la Compagnie;
« mais les deux années qui viennent de s'écouler
« ne me permettent pas l'illusion. Aussi est-ce à
« titre de pure faveur que je sollicite l'autorisa-
« tion de contracter des engagements qui font le
« bonheur de tant d'autres.

« Avant d'émettre leurs vœux, ces dignes enfants
« de saint Vincent avaient fait des efforts pour
« acquérir les vertus si parfaitement pratiquées
« par ce glorieux Père ; jusqu'ici, je me suis
« contenté de les admirer. Mon ambition serait
« maintenant de les imiter, et j'espère que, malgré
« ma profonde misère, Dieu m'en fera la grâce.
« Les exemples, les prières et la charité des con-
« frères qui m'ont supporté si patiemment produi-
« ront enfin leur effet : j'en ai pour garants
« l'infinie miséricorde qui a tant fait pour moi et
« mon attachement à ma vocation. Rien ne l'a
« encore ébranlée ; rien ne contribue à me la
« rendre moins chère ; tout, au contraire, me porte
« à penser que je suis où depuis longtemps la
« Providence me voulait. Toutefois, Monsieur et
« très-honoré Père, si les bulletins de M. Vicart
« et de M. Bourdarie, notre Visiteur, vous font
« regarder comme insuffisant le temps ordinaire
« de l'épreuve, je me soumettrai à votre décision,
« quelle qu'elle soit. Mon unique regret sera d'avoir
« abusé des grâces et mal édifié la communauté ;
« ce regret lui-même ne sera pas sans consolation,
« car je penserai que la grandeur de mes besoins

« me vaudra une part plus grande dans vos
« prières.

« Je suis avec le plus profond respect, Monsieur
« et très-honoré Père, votre très-humble et obéis-
« sant serviteur,

« OUDIETTE

« i. p. d. l. m. »

Ce bonheur lui avait été accordé et il avait fait
les saints vœux le 19 juillet 1854, fête de saint
Vincent. Son vénérable supérieur, M. Vicart, avait
été délégué pour les recevoir, et quelques jours
après il en informait M. le supérieur général en
ces termes :

« M. Oudiette a eu le bonheur de faire les saints
« vœux le jour de la fête de notre bienheureux
« Père saint Vincent. Il y a tout lieu d'espérer
« qu'avec la grâce de Dieu, il continuera d'être
« un fervent missionnaire et de rendre des ser-
« vices à la petite Compagnie. Je désire bien vive-
« ment que vos occupations vous permettent de
« lui écrire quelques mots d'encouragement ; la
« circonstance dans laquelle il se trouve gravera,
« à tout jamais, dans son esprit et dans son cœur
« les paroles que vous aurez la bonté de lui
« adresser. »

Après avoir arrêté sur le chemin du mal, dompté
et rendu au bien le jeune collégien indiscipliné
de Sainte-Menehould, Dieu avait trouvé en cet
enfant un cœur docile, une coopération de volonté
énergique et constante, et de merveilleux effets

avaient été produits dans cette âme d'élite. Ce
cœur si richement doué de la nature, si puissam-
ment aidé par la grâce, avait monté progressive-
ment ces degrés de la sainteté dont parle le Psalmiste — *Ascensiones in corde suo disposuit ;* —
et il allait vers Dieu de vertu en vertu — *ibunt de
virtute in virtutem* — dans cette belle vocation
que la Providence avait ouverte à son ardeur !...
Rien désormais ne paraissait devoir s'opposer à sa
marche en avant dans cette voie providentielle,
ou faire dévier des efforts si droits, des élans si
énergiques et si fructueux. Mais, comme l'a dit le
Roi prophète, Dieu est admirable dans ses Saints ;
ses voies sont impénétrables et ses desseins décon-
certent souvent les courtes prévisions de l'homme.
Notre cher confrère allait l'éprouver. Nous tou-
chons en quelque sorte à la crise, au moment
décisif de cette belle vie. Soudain une éclipse va
se produire ; la lumière s'obscurcit et semble disparaître ; cette voie naturellement tracée dans le
bien s'arrête brusquement, change de direction et
mène à l'incertain, à l'inconnu, à l'illusion !... Et
la victime de cette redoutable épreuve est, non pas
un enfant, un jeune homme à l'âge des illusions
et inexpérimenté, mais un homme de quarante
ans, un saint prêtre, un docte professeur de théologie, un sage directeur des âmes ! Les voies de
Dieu sont vraiment impénétrables ! et l'illusion a
prise sur tout ce qui est humain !

M. Oudiette était depuis six ans au Séminaire

de Carcassonne, universellement estimé et aimé ; il y faisait le bien que nous venons de constater ; son influence s'était étendue d'année en année, et depuis six mois, par suite du changement de son confrère et ami, M. Gillot, il professait la morale et était devenu le bras droit du vénérable supérieur de la maison ; lorsque soudain, et sans que rien pût l'indiquer, la crise éclate comme un coup de foudre ! C'était un des derniers mercredis du mois de février 1858. M. Oudiette, après avoir, dans la matinée, fait subir les examens de la mi-année, mené dans l'après-midi les séminaristes en promenade à la maison de campagne où, d'après un témoin oculaire, il montrait sa gaieté et son amabilité ordinaires, après avoir présidé la récréation qui suit le souper, remonte à sa chambre, et pendant qu'on se couche, se glissant sans être aperçu le long des corridors assombris, gagne la porte du Séminaire et disparaît dans les ténèbres de la nuit !...

« Le lendemain, à l'heure de la classe, écrit un « de ses anciens élèves, quelle ne fut pas notre « douloureuse surprise lorsque nous ne vîmes pas « notre cher professeur ! M. Touvier nous annonça « la nouvelle de son départ qui éclata comme une « bombe ! Ses premières paroles : — Nous avons « perdu M. Oudiette, — foudroyèrent l'assemblée ! »

On venait, à l'instant, de trouver sur son bureau une lettre à l'adresse de M. Vicart, son supérieur, dans laquelle, après avoir fait l'éloge de tous ses confrères, il disait que, cédant à de graves raisons, et après avoir longtemps prié Dieu, il se retirait dans une maison religieuse... Sans perdre un instant, M. Vicart envoyait la triste nouvelle à M. le Supérieur général par la lettre suivante :

« Carcassonne, le 25 février 1858.

« Monsieur et très-honoré père,

« Votre bénédiction, s'il vous plaît !

« Je vous écris quelques mots à la hâte sous
« l'empire d'une peine bien poignante. M. Oudiette
« nous a quittés hier soir, pour aller dans une
« maison religieuse. Quel Ordre a-t-il choisi ? Je
« ne le sais pas. Personne n'a été consulté par lui,
« personne n'a été averti ; rien ne faisait présager
« une telle détermination. Il faisait le bien parmi
« les élèves ; il vivait en parfaite intelligence avec
« ses confrères ; c'est un coup tout-à-fait imprévu.
« J'avais remarqué seulement que, depuis un cer-
« tain temps, il était plus sombre et plus concen-
« tré. Je n'ai pas besoin de vous dire, Monsieur et
« très-honoré Père, quel est mon embarras ; vous
« le comprenez !... Je joins à ma lettre celle que
« M. Oudiette a laissée sur sa table pour vous être
« envoyée... »

Voici textuellement cette lettre.

« Carcassonne, le 24 février 1858.

« Monsieur et très-honoré Père,

« Votre bénédiction, s'il vous plaît ! Je la demande
« en ce moment comme le pénitent qui vient

« accuser sa faute. Et toutefois suis-je coupable,
« parce que de graves raisons me déterminent à
« quitter le séminaire de Carcassonne ? Bientôt
« j'aurai l'honneur de vous donner sur chacune les
« plus complets détails. Leur nature est telle que
« je crois devoir partir sans délai. Supposant donc
« que vous m'autorisez à profiter de la première
« occasion favorable, je saisis celle qui, aujour-
« d'hui seulement, se présente. A l'examen sur les
« premières études de l'année va succéder, en
« morale, l'enseignement des lois. En attendant
« la prompte nomination de mon successeur,
« M. Touvier pourra expliquer, matin et soir, le
« traité de la Trinité.

« De son côté, M. Vicart s'empressera sans doute
« de vous suggérer ce qu'il juge le plus utile pour
« le bien de la communauté. Il vous sera facile de
« donner à ce vénéré supérieur un confrère plus
« digne que moi de remplacer M. Gillot ; vous ne
« lui en donnerez pas qui apprécie mieux le
« mérite de la famille Carcassonnaise. Grâce aux
« vertus de chacun de ses membres, je vivais en
« paix avec tous. Daigne le ciel leur rendre au
« centuple le bien qu'ils m'ont fait !

« Afin que je puisse mieux vous expliquer pour-
« quoi je quitte ces chers confrères, permettez-moi
« encore, Monsieur et très-honoré Père, de m'ar-
« rêter dans une maison religieuse d'où je vous
« écrirai. Cette permission m'est nécessaire pour
« légitimer un acte dont les apparences sont fort

« irrégulières, mais qui est dicté, j'en suis con-
« vaincu, par une rigoureuse logique et par le
« désir de répondre aux desseins de Dieu que j'ai
« consulté dans la prière.

    « Je suis avec un profond respect,
        « Monsieur et très-honoré Père,
    « Votre très-humble et reconnaissant serviteur,

              « OUDIETTE,

                « i. p. d. l. m. »

Quelques jours après, M. le Supérieur général recevait du pauvre transfuge une seconde lettre datée de la Grande-Chartreuse, près Grenoble ; c'est celle qu'il annonçait en se sauvant de Carcassonne ; elle était conçue en ces termes et mérite, à plus d'un titre, d'être intégralement reproduite.

        « Grande-Chartreuse, près Grenoble,
        le 4 mars 1858.

    « Monsieur et très-honoré Père,

      « Votre bénédiction, s'il vous plait !

    « Avant de quitter Carcassonne, j'eus l'honneur
« de vous écrire pour vous promettre l'explication
« des motifs qui me déterminent à présumer votre
« assentiment en faveur d'un départ immédiat et
« d'une halte dans quelque maison religieuse.
« Depuis quatre jours, je m'applique à bien étudier
« l'état de mon âme et à me prémunir contre toute
« illusion, afin de vous exposer le plus parfaite-

« ment possible la vérité. Daignez l'entendre,
« Monsieur et très-honoré Père, et bientôt, j'en
« ai la confiance, votre équité et votre sagesse
« m'accorderont la grâce que je sollicite.

« J'ai abandonné le séminaire parce que l'intérêt
« des élèves, l'honneur de la Congrégation et le
« besoin de sauver mon âme m'ont paru l'exiger.
« Si la charité n'aveugle pas les confrères de
« Carcassonne, ils rendront témoignage à l'exacti-
« tude de mes assertions. Il faut, en effet, que
« l'évidence soit incontestable pour arracher pa-
« reils aveux à mon amour-propre ; il faut que ma
« conscience ait commandé bien impérieusement
« pour me faire préférer un brusque départ aux
« autres moyens d'arrêter le mal. Or, je l'affirme,
« après avoir prié, observé et médité, ma cons-
« cience fut tellement formée, que mon unique
« peine en ce moment est d'avoir, malgré moi,
« contristé mes supérieurs. Voici comment je fus
« réduit à cette fâcheuse nécessité. L'amour de la
« vérité, mon respect pour l'intelligence des élèves
« et la pensée de ma responsabilité me faisant
« craindre d'énoncer quelque erreur, j'étudiais de
« façon à expliquer mal les matières ; soit que cette
« explication fut trop métaphysique ou trop diffuse,
« elle manquait de précision et de ce qui constitue
« l'enseignement élémentaire. De là un état de
« souffrance intérieure aggravé chaque jour par
« la vue des souffrances d'autrui. Pour l'empêcher,
« j'avais prié M. Gillot, quand il partit, de nous

« obtenir un bon professeur de morale ; j'avais
« conjuré M. Beaufils de reprendre ses anciennes
« fonctions ; M. Vicart n'a pas sans doute oublié
« mes instances près de lui : tout fut inutile. Mais
« pourquoi n'ai-je pas réclamé après avoir reçu ma
« nomination ? Parce que, deux mois auparavant,
« j'avais eu l'honneur de vous exposer les raisons
« qui militaient en faveur de mon éloignement de
« Carcassonne ; ma lettre demeura sans réponse.
« Les dispositions trop bienveillantes de mes con-
« frères ne me permettant pas d'espérer désormais
« un accueil plus favorable pour d'autres récla-
« mations, je gardai le silence. Dieu sait combien
« il me coûta ! Il sait aussi que j'aurais souffert
« volontiers encore s'il se fût agi de moi seul;
« mais l'intérêt du diocèse et l'honneur de la Con-
« grégation s'y opposaient. Le besoin de sauver
« mon âme ne contribua pas moins à fixer ma
« détermination. Mille soucis causés par l'étude et
« par de trop nombreux dérangements me faisaient
« ou négliger ou accomplir matériellement les plus
« importants exercices de piété. Comment dès lors
« me sauver et former des sauveurs d'âme ? Il ne
« me restait donc d'autre parti que celui dont
« l'exécution a pour corollaires les deux questions
« suivantes : 1º Ne suis-je pas en dehors de ma
« vocation ? 2º N'étais-je pas et ne suis-je pas
« encore appelé à vivre chez les Chartreux ? Voici
« les raisons qui rendent mon doute très-positif.
   « Quand je vins à Saint-Lazare, j'étais mu par

« le désir d'échapper aux dangers et à la respon-
« sabilité du ministère pastoral, de me livrer à
« l'étude plus à loisir et de guérir mon orgueil
« par l'imitation de saint Vincent. Hélas ! ce désir
« fut bien peu réalisé. Après deux mois d'un novi-
« ciat dont ma mauvaise nature ne profita guère,
« puisque je ne souhaite pas de le renouveler, je
« fus envoyé à Carcassonne où bientôt m'assail-
« lirent les plus vives frayeurs quand vinrent les
« appels à l'ordination. La pensée de cette respon-
« sabilité me tourmenta bien davantage lorsqu'il
« fallut professer la théologie et surtout la morale.
« D'autre part, ni l'étude, ni la prédication ne me
« rendaient plus humble. La piété allait se dessé-
« chant chaque jour. Mes rapports avec les con-
« frères ne diminuaient pas des goûts solitaires
« qui me furent plus d'une fois reprochés. Je
« n'éprouvais pour d'autres fonctions de la Com-
« pagnie aucun attrait surnaturel et si je deman-
« dai, l'an dernier, à être envoyé parmi les galé-
« riens du Brésil, ce fut surtout dans l'espoir de
« suivre promptement ceux que le climat et d'ex-
« cessifs travaux venaient de moissonner. De cette
« sorte, j'aurais échappé à la nécessité que je pres-
« sentais, quoique je cherchasse à l'écarter par la
« prière et la lecture des lettres de saint Vincent
« aux missionnaires qui demandaient à se faire
« Chartreux. Ces derniers mots expliquent pour-
« quoi je crus nécessaire la permission de m'arrê-
« ter ici avant de vous rendre compte de ma con-

« duite. J'avais besoin d'observer, de m'étudier à
« loisir et de consulter. Mais telle est la délicatesse
« des Révérends Pères, que le Supérieur général
« lui-même refuse de me dire sa pensce sur les
« motifs qui semblent devoir me fixer ici. C'est
« donc à vous, Monsieur et très-honoré Père,
« comme mon juge naturel, que je dois les exposer
« avec pleine confiance dans l'impartialité de
« votre décision. Mon goût pour la solitude ne date
« pas d'aujourd'hui. Dans une lettre que m'adres-
« sait M. Chinchon, le 23 août 1841, je lis ces
« mots : — Je te vois toujours un peu sauvage...
« dans cette heureuse cellule pour laquelle tu as
« la fidélité d'un chartreux. — Ce langage ne vous
« étonnera point, Monsieur et très-honoré Père,
« quand vous saurez que, deux ans auparavant, je
« m'étais présenté à la Chartreuse de Bosserville,
« près Nancy. Ma jeunesse et peut-être d'autres
« raisons que j'ignore, ne permirent pas au supé-
« rieur de m'admettre. Depuis, j'ai toujours gardé
« pour cet Ordre une affection qui se manifestait
« par des regrets ou des inquiétudes sur ma voca-
« tion quand je songeais à ma responsabilité
« comme curé ou comme missionnaire. Mes inquié-
« tudes ont redoublé durant ces trois dernières
« années ; les encouragements de M. Chin-
« chon et de mon directeur n'ont pu les calmer.
« La Providence, pour y mettre un terme, n'a-t-
« elle point permis ce qui est arrivé ? Je suis porté
« à le penser, soit que je compare le peu de bien

« accompli à la multitude de mes fautes, soit que
« je réfléchisse à la possibilité de travailler plus
« efficacement à mon salut et au salut des âmes,
« soit enfin que j'examine le calme actuel de mon
« âme en face des austérités du cloître. En effet,
« rien ici ne me provoque à l'enthousiasme : j'étu-
« die froidement tout ce qui frappe mes sens et je
« concluerais, en bonne logique, que Dieu me
« veut chartreux, si je n'avais en vos lumières plus
« de confiance que dans les miennes.

« Daignez donc, Monsieur et très-honoré Père,
« me venir bientôt en aide. Votre réponse que
« j'attendrai à la Grande-Chartreuse, près Gre-
« noble, sera un titre de plus à la vénération et à
« la gratitude que m'inspire le successeur de saint
« Vincent. Puisse-t-elle m'apporter, avec le par-
« don pour la peine que je vous cause, l'assurance
« que vous me croirez toujours,

« Monsieur et très-honoré Père,

« Votre très-humble et obéissant serviteur,

« OUDIETTE,

« i. p. d. l. m. »

M. le Supérieur général, après avoir écrit au
Révérend Père Abbé de la Grande-Chartreuse au
sujet de M. Oudiette, adressa à ce pauvre confrère
égaré la lettre suivante qui prouve autant en faveur de celui qui l'écrivit que de celui qui la reçut.
On y verra toute la sagesse et l'exquise tendresse
de cœur de M. Étienne. On croirait entendre un

écho de la voix douce et grave de saint Vincent !
Il était difficile de dire avec plus de force et
de suavité les raisons qui devaient éclairer et tou-
cher M. Oudiette et le ramener au sein de sa
famille religieuse.

« Paris, le 13 mars 1858.

« Monsieur et très-cher confrère,

« La grâce de Notre-Seigneur soit avec vous
« pour jamais !

« J'ai reçu votre seconde lettre pendant un petit
« voyage que je viens de faire en Belgique. C'est
« cette circonstance qui m'a empêché d'y répondre
« plus tôt. J'étais bien aise d'ailleurs de prendre
« le temps de la réflexion, avant de formuler mon
« avis sur la grave question que vous me posez.
« Je ne veux rien vous dire de la peine que m'a
« causée votre brusque détermination, au milieu
« d'une année, laissant vacant un poste aussi
« difficile à remplir. Vous avez dû prévoir l'em-
« barras dans lequel vous me mettiez. De mon
« côté, j'ai bien pensé qu'il fallait que vous fussiez
« vous même bien peiné pour vous résoudre à
« agir ainsi. J'arrive tout aussitôt à la question.

« J'ai eu beau réfléchir et prier, je n'ai pu me
« défendre de la pensée que vous avez suivi, non
« une inspiration du Ciel, mais bien une illusion :
« 1o Parce que nous n'avons pas deux vocations.
« Avant de faire des vœux dans notre Compagnie,
« vous avez prié, consulté, et vous avez eu toute

« sorte de motifs de croire que Dieu vous appelait
« à la Mission. Je ne vois pas que vous opposiez à
« ces motifs les mêmes raisons pour embrasser
« une autre vocation. Je ne vois qu'un cri de
« votre conscience, qu'une impulsion intérieure
« qui peut venir du démon et dont vous n'êtes
« pas juge. 2° Vous étiez lié par un vœu d'obéis-
« sance. Vous ne deviez le briser que bien et
« dûment autorisé par qui de droit. Je ne puis
« voir une inspiration de la grâce dans une réso-
« lution qui vous jette hors la voie du devoir.
« 3° La règle que vous aviez embrassée vous indi-
« quait la source où vous deviez chercher la
« lumière et la direction au milieu de vos per-
« plexités. Vous deviez me communiquer vos pen-
« sées. Vous saviez que je serais bien éloigné,
« malgré toute considération, de vous dissua-
« der d'un projet qui me paraîtrait inspiré de
« Dieu. Je sais par expérience que l'on ne peut
« faire le bien dans la Compagnie qu'à la condi-
« tion qu'on y soit appelé de Dieu. Or, vous ne
« m'avez pas dit un mot de vos inquiétudes sur le
« sujet de la vocation. Si j'ai passé par-dessus
« celles que vous m'avez exprimées touchant la
« classe de morale, c'est parce que je savais à
« quoi m'en tenir ; et l'expérience est venue con-
« firmer mon jugement, puisque vos élèves goû-
« taient beaucoup votre enseignement, et que tout
« le monde en était satisfait.

« Si vous m'aviez parlé de vos perplexités de

« conscience au point de vue de la responsabilité
« et du salut de votre âme, j'aurais examiné s'il
« n'y avait pas lieu de vous donner une autre
« destination plus en harmonie avec les besoins
« de votre intérieur. J'ai connu d'autres confrères
« poussés comme vous par la pensée de se rendre
« à la Chartreuse, et qu'un changement de desti-
« nation a suffi pour faire changer de pensée et
« de résolution ; aujourd'hui ils font grand bien,
« et ils se trouvent heureux d'avoir suivi mes avis.
« J'ai lieu de croire que si, comme vous, ils eussent
« agi en dehors de l'obéissance, ils eussent proba-
« blement fait la même démarche. Si Dieu nous
« donne grâce pour conduire les autres, il ne nous
« la donne pas pour nous conduire nous-mêmes.
« Il veut de nous soumission de jugement et de
« volonté et abandon à la conduite de ceux qui
« nous tiennent sa place. Toutes ces considéra-
« tions me persuadent que ce n'est pas l'esprit de
« Dieu qui vous a poussé au parti que vous avez
« cru devoir prendre. M. Chinchon qui vous con-
« naît particulièrement partage ma manière de
« voir à cet égard. Tous deux nous pensons que
« Dieu vous veut dans la famille de saint Vincent,
« et que si vous rompez avec elle, ce ne sera ni
« pour la plus grande gloire de Notre-Seigneur,
« ni pour le plus grand bien de votre âme.
« Je vous engage à lire cette lettre au pied de votre
« crucifix et de vous demander ce que vous dé-
« sirerez avoir fait au moment de la mort. Si vous

« vous décidez à revenir au sein de la famille de
« saint Vincent, la porte vous en reste ouverte ainsi
« que celle de mon cœur, et je serai heureux de
« vous voir reprendre au milieu de nous la place
« que vous n'eussiez jamais dû quitter. Le mieux
« serait de revenir à Paris. Nous verrions ensemble
« quelle destination ultérieure il conviendrait de
« vous donner.

« Je prie N. S. de vous inspirer ce qui est le plus
« conforme à son bon plaisir, et je suis en son
« amour,

        « Monsieur et cher confrère,
                « Votre dévoué serviteur.

                        « Etienne,
                        « i. p. d. l. m. »

M. Oudiette ne résista pas à cette lettre. La grâce
aidant, la lumière reparut ; les scrupules cessèrent,
l'illusion s'évanouit ; et le 22 mars, après vingt-
huit jours d'absence, le nouveau prodigue rentrait
à la maison paternelle. Docile au conseil de M. le
Supérieur général, il vint à Paris et y reçut de ses
supérieurs et de tous ses confrères l'accueil le plus
cordial et le plus empressé.

Les faits que nous venons de raconter et
que nous croyons inutile d'apprécier longuement, démontrent avec la dernière évidence que
M. Oudiette venait d'être le jouet d'une illusion.
A n'examiner les choses que superficiellement et
au point de vue humain, cette démarche a pu être

jugée sévèrement et semblerait mériter à son auteur le reproche d'inconséquence, de légèreté et d'imprudence. Cependant, si l'on veut y réfléchir à la lumière de la foi, pour peu que l'on ait l'expérience des voies de Dieu dans la conduite des âmes, il est difficile de n'y pas voir autre chose qu'une inconséquence et une illusion. Oui, hâtons-nous de le dire, évidemment il y eut là pour M. Oudiette, dans les desseins de la Providence, bien autre chose qu'une illusion ; Dieu est assez puissant, assez miséricordieux pour tirer le bien du mal, et tout à la fois assez respectueux de la liberté humaine pour conduire invinciblement à ses fins la créature libre sans violenter sa liberté. Son action alors nous échappe parfois ; elle peut paraître obscure, tortueuse et même inexplicable aux faibles yeux de la raison ; mais elle n'en existe pas moins et elle n'en est pas moins sage, miséricordieusement énergique, atteignant fortement ses fins, quoique douce et comme voilée dans les moyens qu'elle emploie. Telle fut ici la conduite admirable de la Providence. Dans cette épreuve, elle ménageait d'abord à M. Oudiette une précieuse leçon qui allait désormais lui être indispensable. L'homme qui n'a pas souffert, que sait-il ? Et l'épreuve n'est-elle pas la plus instructive des écoles ? Celui qui allait être appelé à diriger ét à affermir tant de vocations devait le premier ressentir les hésitations et le doute ; il devait avoir connu la plus spécieuse de toutes les illusions, l'illusion d'une perfection plus grande, qui, séduisant les âmes les plus généreuses, les jette hors de leur véritable voie et peut même les perdre irrévocablement.

Outre cette importante leçon si nécessaire au directeur des âmes, Dieu, dans cet événement, ménagea aux supérieurs de M. Oudiette l'occasion et le moyen de l'appliquer exclusivement désormais à l'œuvre pour laquelle il avait été appelé et suffisamment préparé. A voir le bien que ce cher confrère faisait au séminaire de Carcassonne, on l'eût dit là vraiment à sa place, dans sa voie ; et selon l'intention probable de ses supérieurs, il n'en devait point changer. Mais ce qui paraissait une fin aux yeux des hommes, n'avait été qu'un moyen aux yeux de Dieu ; ses desseins, en le laissant six ans directeur de séminaire, n'avaient été que de le préparer à autre chose. Il le destinait à une toute autre mission, et le moment était arrivé de l'y appliquer. Nous allons le voir, cette mission n'était autre que celle que semblait lui présager, dès son enfance, la première gravure reçue en récompense de ses efforts à l'école du village ; on se souvient qu'elle représentait un prêtre assis au confessionnal et, de chaque côté, à genoux, une Fille de la Charité avec sa blanche cornette. En effet, il allait désormais et jusqu'à son dernier soupir travailler exclusivement, nous verrons avec quels fruits merveilleux, à l'évangélisation et à la direction des Filles de la Charité.

CHAPITRE III.

SON NOUVEAU MINISTÈRE — A PARIS — DURANT LA
GUERRE D'ITALIE — EN POLOGNE — EN FRANCE ET
EN ITALIE.

A peine M. Oudiette fut-il rentré à la maison-mère, que M. Etienne résolut de l'employer à quelques-unes des œuvres si importantes et si délicates dont il avait la charge et la direction à Paris. La première confiée à son zèle fut le soin spirituel d'un certain nombre de sœurs du séminaire interne des Filles de la Charité ; puis, et successivement, on lui donna la confession de plusieurs maisons de sœurs de Paris pour quelques-unes, c'était une direction suivie et de chaque semaine ; pour d'autres, tous les trois mois. C'est également à la même époque qu'il commença les retraites de sœurs, cette œuvre dans laquelle il allait si vite exceller et qui devait produire tant d'heureux résultats.

Voici donc encore sur un nouveau théâtre l'ancien curé de Chouilly, l'ancien directeur du séminaire de Carcassonne ; une vie nouvelle commence pour lui, dans laquelle le zèle du premier uni à l'expérience du second dans la conduite des âmes, va donner à son ministère et à sa parole une action qui paraîtra parfois merveilleuse. Il vient d'atteindre sa quarantième année. Le temps passé dans la retraite et l'étude du séminaire lui a permis d'acquérir des connaissances précieuses pour la direction des consciences. Vertu solide, expérience, science étendue, zèle, facilité et habitude de la parole, connaissance enfin des épreuves, tout se réunit, tout concourt pour le faire réussir dans le ministère si difficile qui vient de lui être confié. Nous nous réservons d'étudier et d'indiquer plus tard les moyens dont il se servit pour rendre ce ministère si fructueux ; commençons par le voir à l'œuvre et suivons-le rapidement sur les champs de bataille où il va successivement déployer son zèle et user ses forces : à Milan, dans les ambulances de la guerre, en Pologne, à Paris et sur les divers points de la France, à Naples, à Turin, à Florence. La scène change rapidement, et, comme en prévision d'une fin prochaine, notre infatigable missionnaire va se multiplier, toujours à son œuvre, se reposant d'un travail par un autre, oublieux de lui-même, ne pensant qu'à une chose, ne poursuivant qu'un but, la gloire de Dieu par le salut des âmes et par sa propre sanctification.

Une année s'est à peine écoulée dans l'exercice de ces nouvelles fonctions, quand un ordre de M. le Supérieur général vient confier à M. Oudiette une mission des plus délicates et des plus importantes. Napoléon III venait de déclarer la guerre à l'Autriche et nos armées foulaient déjà le sol de l'Italie. Dès les premiers engagements, le besoin des ambu-

4

lances se fit sentir, et le Gouvernement français,
qui n'avait pas oublié les services rendus par les
Filles de la Charité dans la dernière guerre d'Orient,
demanda leur concours pour le service de nos
soldats blessés. M. le Supérieur général se rendit
à ce désir et confia à M. Oudiette la direction des
sœurs et des missionnaires employés aux ambulances. Il arrivait à son poste, à Milan, vers la fin
de juin, en compagnie de quelques sœurs qui
avaient la même destination, et se mettait à l'œuvre immédiatement. Il ne tarda pas à rencontrer des
difficultés. A umônier des sœurs par nomination du
Supérieur général, ce titre n'avait rien d'officiel aux
yeux de l'administration militaire; de là, mille embarras desquels sa prudence et son savoir-faire se
tirèrent fort honorablement. Un confrère, M. Dumas,
lui avait été donné pour aide à l'hôpital Saint-Ambroise. Toute liberté leur fut laissée pour voir et
soigner les blessés, et ils s'épargnèrent si peu à
cette rude et incessante besogne, que M. Dumas
succombait à la peine le 27 septembre. Cette perte
fut très-sensible à M. Oudiette qui poursuivit seul
son laborieux ministère. Sur ce sol d'Italie qui attire tant de visiteurs, au sein de la cité Lombarde
si riche en monuments et en chefs-d'œuvre, le
missionnaire ne sacrifia pas un seul de ses instants
pour satisfaire une curiosité si naturelle et si légitime. La prière, la visite des malades et la direction
des sœurs se partagèrent tout son temps. Nous
allons reproduire deux lettres qu'il écrivait à cette

époque ; elles nous feront connaître exactement les sentiments intimes de son âme.

« Milan, Hôpital Saint-Ambroise, le ... 1860.

« Quoique j'aie à peine le temps d'écrire aux
« supérieurs majeurs, je ne veux pas laisser partir
« ma sœur Talbot sans un signe de reconnais-
« sance. J'ai reçu les objets que votre charité m'a
« envoyés, mais ce qui m'inspire une bien vive
« gratitude, ce sont vos lignes si pleines de piété.
« Béni soit le Dieu du tabernacle qui vous attire
« par les charmes de son amour et vous rappelle
« mes besoins ! Continuez, bien chère sœur, à me
« prêter le secours de vos prières et des œuvres
« que votre zèle multiplie chaque jour ; ce contre-
« poids me sera bien utile dans la balance de la
« justice. De mon côté, je ne puis vous oublier ; le
« voudrais-je, qu'il me serait impossible d'y
« réussir ; car Celui qui montrait aux anges un
« lambeau de vêtement donné par Martin à un
« pauvre ne permettrait pas mon ingratitude.
« Chaque jour il me parle de votre généreuse
« sollicitude et du concours non moins généreux
« de vos compagnes ; et du fond de mon impuis-
« sance, je lui demande, par l'entremise de l'Im-
« maculée Marie, de vous bénir. Daigne cette tré-
« sorière de la grâce continuer, dans votre office, à
« prouver la libéralité de son cœur ! Recommandez
« aux prières de vos compagnes les enfants de
« saint Vincent et les ambulances qui leur sont

« confiées. Plusieurs sont évacuées, et tout le monde
« à Milan souhaite que les hôpitaux ne soient plus
« nécessaires aux Français. Quand Dieu exaucera
« ce vœu je reprendrai volontiers le chemin du
« confessionnal ; mais en attendant j'ai assez d'oc-
« cupations pour n'avoir pas le loisir de m'en-
« nuyer. Les saints ne s'ennuyaient qu'en son-
« geant au ciel : puissions-nous leur ressembler !

    « Priez pour votre humble et reconnaissant ser-
« viteur.

« OUDIETTE,

« i. p. d. l. m. »

Autre lettre.

    « Hôpital Saint-Ambroise de Milan,
13 mars 1860.

    « Depuis huit jours, j'ai reçu vos bonnes lettres
« et les preuves non équivoques de votre sollici-
« tude. Je savais que la charité ne pense pas mal ;
« aurais-je pu soupçonner qu'elle fût capable,
« dans son ardeur à faire le bien, de couvrir de
« confusion un pauvre petit missionnaire ? Ma
« confusion égala ma surprise ; sans avoir oublié
« votre générosité à distribuer des douceurs, je
« ne m'attendais pas à voir renouveler des provi-
« sions qui ne sont pas épuisées. Combien vous
« devez être généreuse envers Dieu, ma chère
« sœur, puisque vous traitez ainsi son ministre !
« Un retour sur moi-même ne pouvait me donner
« de l'orgueil ; je le fis et votre générosité me
« laissa tout confus. Cette confusion, loin d'être

« diminuée par vos lettres, est surtout aggravée
« quand je lis vos invitations et les suppliques
« que vous adressez au ciel pour ma rentrée en
« France. Que gagnerez-vous, pauvres âmes,
« sinon d'être mal traitées par celui que vous vous
« efforcez vainement de rendre doux. Conjurez la
« toute-puissance de saint Joseph de se déployer
« en ma faveur et de m'obtenir la science pratique de
« la vie intérieure. Comment la communiquerai-je,
« si je ne la possède ? Comment serai-je pour vous
« un père nourricier, si je n'ai avec saint Joseph
« quelque trait de ressemblance ? Hâtez-vous
« donc, ma chère sœur, d'importuner celui que
« Jésus et Marie exaucent toujours. N'ajoutez à
« vos pratiques spirituelles d'autre oraison jacu-
« latoire que celle à saint Joseph pendant le mois
« qui lui est consacré. Demandez-lui pour vous-
« même et pour les sœurs qui bientôt renouvelle-
« ront les saints vœux, la grâce qui rendra plus
« parfaite chaque jour votre union avec Jésus.
« J'offrirai à cette intention, pour vous spéciale-
« ment, ma chère sœur, le saint sacrifice le 25 de
« ce mois. Puisse mon indignité n'être pas une
« digue qui arrête le torrent des faveurs divines,
« seules capables de suppléer à l'impuissance de
« ma gratitude et de vous prouver que je suis,
« ma chère sœur,

« Votre bien dévoué et reconnaissant serviteur.

« OUDIETTE,

« i. p. d. l. m. »

Après avoir entendu M. Oudiette se dépeindre lui-même dans les lignes précédentes, volontiers nous laissons la parole à deux de nos sœurs qui l'ont vu à l'œuvre et qui ont partagé en Italie ses travaux et sa sollicitude. Les pages suivantes nous révèleront à la fois les sentiments de gratitude qu'il sut inspirer et les qualités éminentes de cet homme apostolique.

« MONSIEUR,

« Bien volontiers j'accepte de vous donner quel-
« ques détails sur le séjour que fit à Milan le bon
« M. Oudiette, trop heureuse de payer à sa
« mémoire cet humble hommage de respect et de
« vénération.

« Dès son arrivée, ce digne missionnaire eut à
« traverser des circonstances exceptionnellement
« difficiles ; il lui fallut beaucoup de patience, de
« tact et de délicatesse pour concilier les esprits
« et se faire des moyens de réussite des obstacles
« qui lui barraient le chemin. Les armées ita-
« lienne et française avaient déjà leurs aumô-
« niers, et les nouvelles dispositions gouverne-
« mentales ne leur ayant point été signifiées, ces
« Messieurs ignoraient l'arrivée de MM. Oudiette
« et Dumas, nommés pour accompagner les sœurs.
« La réception ne fut pas très-bienveillante, et
« nous eûmes de la peine à obtenir pour les nou-
« veaux aumôniers un humble logement ; encore
« fallut-il se résigner à les séparer. Les mille

« embarras suscités par cette fausse position exer-
« cèrent la vertu de M. Oudiette, mais ne le rebu-
« tèrent pas ; sachant qu'il faut souffrir pour
« gagner les âmes, il accepta avec courage les
« épreuves de chaque jour. Son dévouement et sa
« cordiale urbanité furent appréciés, et en peu de
« temps il se rendit complètement maître du ter-
« rain. MM. les aumôniers virent en lui un aide
« et non un adversaire, et se montrèrent dès lors
« pleins de bienveillance et d'égards. La charité
« de M. Oudiette ne lui laissait aucun repos ; il
« passait d'une ambulance à l'autre, vigilant et
« attentif aux besoins de chacun ; il nous ensei-
« gnait par ses exemples à nous faire tout à
« tous... Suivant à la lettre la recommandation de
« l'Apôtre, sa charité ne faisait aucune distinction
« de personnes ou de nationalité, et il se mon-
« trait d'une égale bonté pour les sœurs italiennes
« et pour les sœurs françaises.

« Les services journaliers qu'il nous rendit
« sont incalculables ; les difficultés et les fatigues
« de la vie d'ambulance ne le lassèrent jamais ;
« son zèle suffisait à tout. Pour nos courages par-
« fois un peu lassés, son énergie fut un bienfait ;
« il entraînait par son exemple ; et grâce à lui,
« nous parvînmes à surmonter des obstacles humai-
« nement insurmontables. Malgré des occupations
« très-absorbantes, il sut trouver le temps, chaque
« dimanche, de nous rompre le pain de la parole
« de Dieu. Il savait approprier les sujets aux

« besoins du moment ; et il nous dépeignait avec
« de telles couleurs et une telle énergie le bon-
« heur de nous sacrifier pour Dieu, que les plus
« faibles y puisaient une nouvelle ardeur.

« La délicate charité de M. Oudiette ne se bor-
« nait pas à pourvoir aux besoins des âmes ;
« homme éminemment pratique, il se préoccupait
« de notre santé, il voulait savoir si le surcroît de
« travail était compensé par une nourriture suffi-
« sante. Venait-il à s'apercevoir que l'une de nous
« n'avait pu quitter la salle au moment du repas, il
« courait prendre notre place et nous congédiait
« doucement, prétextant qu'il avait à parler aux
« malades.

« Quant à lui, sa mortification s'arrangeait à
« merveille de tout ce qui retardait l'heure de ses
« repas ; bien que les prenant toujours à la hâte,
« il trouvait le temps de s'informer si les autres
« aumôniers étaient aussi bien servis que lui ;
« c'était son expresse recommandation, et, si nous
« venions à nous en écarter, il s'empressait de
« réparer cette omission, envoyait à ces Messieurs
« ce qui avait été préparé pour lui, et nous disait
« sérieusement : — Ils sont les premiers venus, et
« nous leur devons toute sorte d'égards. —

« Resté seul après la mort de M. Dumas, sa cha-
« rité et son dévoûment semblèrent s'accroître, et,
« grâce à son activité, les privations spirituelles
« nous furent inconnues..........

« Depuis cette époque, j'ai souvent revu M. Ou-

« diette, et je l'ai toujours trouvé à la hauteur où
« mon estime et mon admiration l'avaient placé.
« Il n'ouvrait la bouche que pour instruire et
« consoler ; ses lettres et sa conversation étaient
« toujours remplies de l'esprit de saint Vincent. »

Autre lettre d'une sœur servante.

« Envoyée à Milan, pendant la guerre de 1859 à
« 1860, pour le service des ambulances, j'y trouvai
« M. Oudiette. Dès mon arrivée, je compris vite
« tout ce qu'il y avait de grave et de paternel dans
« le dévoûment de ce digne fils de saint Vincent ;
« et je considère comme une grâce spéciale d'avoir
« été sous sa direction. Au début de cet apostolat
« d'un nouveau genre, il eut fort à faire avec les
« soldats blessés qu'il entourait de soins et d'affec-
« tion, partageant cette tâche avec quelques con-
« frères ; mais bientôt après, Messieurs les aumô-
« niers rentrant dans les grands centres, les
« lazaristes durent céder la place.

« M. Oudiette demeura seul pour la direction
« des sœurs. Il habitait une toute petite maison
« attenante à l'hôpital Saint-Ambroise ; il ne la
« quittait que pour remplir les devoirs de son
« ministère et pour faire quelques courtes visites
« aux dignes missionnaires de la Congrégation
« établis à Milan ; l'un d'eux était le dépositaire
« des secrets de sa conscience. Cependant, quel-
« ques jeunes séminaristes, avec lesquels il s'était
« trouvé au chevet des malades, ayant eu occasion

« d'apprécier son généreux courage et son exquise
« délicatesse, venaient le visiter quelquefois ; il les
« accueillait avec bonté, et, jetant dans ces âmes
« jeunes et ardentes la semence bénie de la parole
« et du bon exemple, il les préparait à son insu à
« devenir un jour les fils de saint Vincent ; en effet,
« quatre d'entre eux en reçurent la grâce, sans
« doute en récompense de leur charitable dévoue-
« ment.

« Chaque matin M. Oudiette commençait sa
« laborieuse journée en offrant le saint sacrifice
« dans notre petite chapelle particulière ; il rece-
« vait ensuite au confessionnal, jamais ailleurs,
« celles de nos sœurs qui avaient à lui parler ; ce
« dernier devoir accompli, malgré un froid intense,
« il allait continuer son action de grâces à la
« grande chapelle.

« Nos sœurs de la province de Toscane étant à
« Milan avant l'arrivée des prêtres de la Mission,
« elles s'adressèrent pour la confession à M. l'archi-
« prêtre de la Basilique Saint-Ambroise. Dans cette
« circonstance, le tact et la prudence de M. Oudiette
« ne se démentirent pas ; le désir de changer cet
« ordre de choses lui fut souvent exprimé, mais sa
« prévoyante sagesse ne voulut jamais l'autoriser.
« Je suis à votre disposition, vous le savez bien,
« leur disait-il ; mais nous devons ménager ce digne
« pasteur qui est un saint. Des sœurs italiennes
« viendront peut-être après vous, elles seront heu-
« reuses de trouver de bonnes relations établies.

« Jamais M. Oudiette ne nous fit de visite sans
« une raison qui la motivât ; mais sa sévère réserve
« n'excluait pas le désir d'adoucir nos sacrifices.
« Recevait-il des nouvelles de nos vénérés supé-
« rieurs, il s'empressait de venir nous les com-
« muniquer, choisissant le moment de la récréa-
« tion afin que toutes eussent part à la joie ; et,
« grâce à sa piété, cette heure de délassement, en
« gardant une empreinte joyeuse, nous devenait
« souvent plus profitable qu'une conférence. Son
« esprit fin, judicieux et brillant mêlait avec habi-
« leté l'utile à l'agréable ; chacune recevait sa
« part, et, comme d'ordinaire le trait était piquant,
« il se gravait profondément ; c'était le but de ce
« digne père qui disait parfois : — Il faut faire
« pénétrer les bonnes vérités au moyen de quel-
« ques originalités ; les unes empêchent les autres
« de s'effacer et l'on finit par tout retenir. —

« Sa charité embrassait les plus humbles détails ;
« rien ne lui paraissait trop petit ou trop vulgaire,
« et celles de nos sœurs qui en ont recueilli le
« bénéfice ne peuvent avoir oublié avec quelle
« touchante sollicitude il demandait si on avait au
« moins le pain de chaque jour en quantité suffi-
« sante. Un trait dira mieux que mes paroles ce
« que fut sa bonté.

« Dans une de nos ambulances, nos sœurs man-
« quaient réellement du nécessaire. La sœur ser-
« vante, très-timide, n'osait rien demander au
« comptable. Les repas étaient insuffisants ;

« M. Oudiette l'ayant appris engagea les sœurs à
« prendre un supplément dans l'après-midi.
« — Hélas ! lui fut-il répondu, c'est impossible, il
« il n'y a rien ! — Le lendemain il se rend dans la
« maison en question ; il est reçu dans la pièce
« qui servait à la fois de salle commune et de
« réfectoire. Les sœurs, heureuses de sa visite,
« s'empressent d'accourir pour le saluer ; très-
« adroitement il amène la conversation sur le
« sujet voulu, et parle du surcroît de travail occa-
« sionné par l'encombrement des malades ; puis il
« arrive tout naturellement à son affaire et insiste
« sur la nécessité de soutenir les forces par une
« nourriture convenable ; il insinue délicatement
« qu'il serait bon que les sœurs fissent une petite
« collation dans l'après-midi et conclut aimable-
« ment en ajoutant : — Vous allez commencer
« aujourd'hui, et je serais heureux de vous en
« faire les honneurs. — Sans plus attendre, il ouvre,
« en riant, l'armoire aux provisions ; elle était
« complètement vide ! — Oh ! dit-il, vous n'êtes pas
« bien riches ; je vais suppléer à votre pauvreté ! —
« et remettant quelque argent à une sœur, il l'en-
« voie chercher un petit goûter qu'il distribue lui-
« même. Cette leçon donnée avec autant de savoir-
« faire que d'à-propos porta des fruits : les sœurs
« ne manquèrent plus du nécessaire.
« M. Oudiette avait une sollicitude toute parti-
« culière pour les sœurs servantes ; il la leur
« témoignait par son empressement à leur faire la

« charité spirituelle ; lorsqu'il en trouvait l'oc-
« casion, son visage rayonnait : — Cela fait tant
« de bien, disait-il, surtout aux sœurs servantes ;
« il ne faut pas les ménager ! — Parfois la leçon
« était rude pour l'amour-propre ; l'âme n'en
« demeurait pas moins pénétrée de reconnaissance ;
« il y avait tant de lumières dans ses remarques,
« toujours judicieuses et vraies, que la conviction
« suivait sa parole.

« Dieu bénit visiblement son ministère ; il eut
« le doux bonheur, seul ambitionné par son grand
« cœur, de ramener bien des âmes à la vérité et à
« la foi. Parmi ces conquêtes, celle d'un comptable
« de l'armée française lui fut chère entre toutes.
« Sa jeune femme qui connaissait M. Oudiette, le
« suppliait de faire une tentative afin de gagner
« cette âme à Dieu... L'humble fils de saint Vin-
« cent insiste fortement pour que cette tâche soit
« confiée à des mains plus habiles. A mon tour,
« je le conjure de ne pas laisser à d'autres une
« œuvre que Dieu semble lui assigner. — Que vou-
« lez-vous donc que pense M. C., en voyant *ce*
« *petit bout de séminariste* ? me répondit-il ; je
« gâterai tout ! — Lui seul jugeait ainsi ; la fin
« très-chrétienne du malade fut la récompense de
« ses efforts.

« Durant tout son séjour à Milan il se multiplia
« pour le bien de nos âmes ; chaque semaine il
« nous faisait une longue et très-pratique confé-
« rence ; la dernière fois qu'il nous réunit, il nous

« retint plus de deux heures, et personne ne s'en
« doutait ; on fut très-surpris lorsqu'il nous fit ses
« excuses d'avoir si longtemps prolongé cet en-
« tretien. Que de paroles vraies, que de charitables
« conseils renfermés dans ces derniers avis d'un
« père dont le cœur nous était si franchement
« dévoué ! »

Rentré d'Italie en mai 1860, M. Oudiette reprit
immédiatement, à Paris et dans les départements,
son ministère interrompu depuis un an. Confes-
sions, directions, retraites, soins spirituels donnés
soit aux Filles de la Charité elles-mêmes, soit aux
nombreuses jeunes filles qu'elles élèvent dans
leurs orphelinats, il se remit à toutes ses œuvres
et s'y livra tout entier avec une ardeur nouvelle.
Dieu bénissait merveilleusement ses travaux ; un
succès extraordinaire couronnait tous ses efforts,
et comme l'infatigable ouvrier, incapable de se
ménager, était toujours à l'œuvre sans s'accorder
jamais un instant de bien légitime repos, il serait
difficile de calculer le bien immense que Dieu
opérait chaque année par son ministère. Ce ministère lui convenait d'ailleurs si bien, et il convenait
si bien à un tel ministère ! Qui eût prévu qu'il
devait être soudain interrompu, arrêté brusquement ? C'est pourtant ce qui allait arriver. Il avait
à peine duré trois ans depuis le retour d'Italie,
lorsqu'un ordre de M. le Supérieur général vint
arracher M. Oudiette à ses œuvres et l'envoyer à
Cracovie (Pologne), en mai 1863. Il y était nommé

Supérieur de la maison des confrères, Directeur
des Filles de la Charité, et quelque temps après
Visiteur de la province de Gallicie. Ce fut là sans
doute une mission honorable et de confiance, dans
les intentions de ses supérieurs ; mais, dans les
desseins de la Providence, il y eut encore ici pour
M. Oudiette une épreuve, et une rude épreuve,
dont Dieu se servit pour instruire, former, purifier
son serviteur et le préparer à ses derniers combats.
Ses supérieurs d'ailleurs ne tardèrent pas à le
comprendre. Voici le début d'une lettre de
M. Etienne à M. Oudiette durant son séjour en
Pologne.

« Aujourd'hui nous célébrons la mémoire du
« jour où Notre bon Sauveur voulut bien accepter
« sa croix comme instrument de son sacrifice
« d'amour. Je choisis ce jour pour vous prier
« vous-même d'accepter une croix pour l'amour
« de Lui et de la Compagnie. Vous n'oserez pas
« vous y refuser. Cette croix, c'est la patente de
« Visiteur que je vous envoie... J'ai la confiance
« que vous ne vous effrayerez pas de la charge
« que je vous impose... Je prie Notre Seigneur
« d'être votre lumière et votre force, afin que vous
« remplissiez dignement ses desseins... »

Oui, vraiment, une croix ! le mot n'était pas
exagéré. Outre cette responsabilité de Supérieur
et de Visiteur dont l'idée seule effrayait la conscience si timorée de ce pauvre confrère et qui pesa
si lourdement sur ses épaules durant trois ans,

qu'on se figure surtout son activité dévorante
habituée depuis sept ans à se dépenser fiévreuse-
ment, tout-à-coup arrêtée, réduite à l'impuissance,
plongée forcément dans l'inaction la plus profonde
et la moins naturelle à son tempérament de feu !
A quarante-cinq ans, en effet, comment réussir à
apprendre une langue aussi difficile que le polo-
nais ? Réduit à l'impossibilité de faire même un
simple catéchisme ; obligé d'avoir recours au latin
pour converser et correspondre avec ses confrères
et les membres du clergé ; privé même de cette
ressource à l'égard des sœurs, dont trois seulement comprenaient le français ; qui pourrait ima-
giner les souffrances qu'endura cette âme ardente
et communicative ! Par suite de cette inaction
extérieure, M. Oudiette fut réduit à se replier violemment sur lui-même, et sa propre conscience
devint l'objet à peu près exclusif de son activité
naturelle. Utile, nécessaire même, ce travail sur
soi-même peut néanmoins devenir dangereux pour
certaines natures, quand il est poussé trop loin.
C'est ce qui eut lieu pour M. Oudiette. La lumière
s'obscurcit de nouveau ; les scrupules recommen-
cèrent ; ses vieilles tentations de cloître et de
Chartreuse fondirent de nouveau sur lui ; et
l'épreuve reparut, douloureuse et cuisante, durant
les longues heures de solitude forcée. Nous en
trouvons la trace dans une lettre que M. Etienne
lui adressait paternellement à cette époque :

« Non, mon cher ami, non, Notre Seigneur ne

« vous veut pas à la Chartreuse. J'y ai bien réflé-
« chi pendant cette Octave de la Translation ; et
« toujours je n'ai pu voir dans cette pensée qu'une
« illusion du démon jaloux du bien que vous êtes
« destiné à opérer pour la gloire de Dieu et le
« salut des âmes. Je comprends que vous devez
« souffrir dans la position où vous êtes, et que
« cette souffrance alimente en vous cette ancienne
« pensée. Mais précisément cette souffrance entre
« dans les desseins de Dieu, pour vous préparer à
« accomplir la mission qu'il vous a confiée... »

M. Etienne avait raison en un point, bien qu'il
se trompât en un autre. En effet, Dieu avait bien
voulu par cette épreuve nouvelle achever de préparer son fidèle ouvrier à mieux remplir encore sa
mission ; mais cette mission, ce n'est pas en
Pologne, comme le croyait son supérieur, c'est à
Paris, en France et en Italie que, selon les desseins
de Dieu, il va venir la reprendre et la terminer
glorieusement. Encore une fois il sortit victorieux
de l'épreuve, parce qu'il sut souffrir, qu'il fut
obéissant, et que le souvenir du passé le tint en
garde contre lui-même. Mais, à cette lutte de trois
ans, ses forces physiques s'usèrent, sa santé s'al-
téra profondément, bien que, grâce à l'énergie de
sa volonté, son ardeur infatigable parût n'y avoir
rien perdu. Quand, après trois ans d'absence, il
reparut à Paris, au mois de juin 1866, ses cheveux
avaient blanchi, sa maigreur était effrayante... On
ne le reconnut pas ! A son départ pour la Pologne,

5

il était vert comme un jeune homme ; à son retour, peu s'en fallait qu'il ne ressemblât à un vieillard !

Le soir de la vie approche, en effet, pour lui, mais ce sera le soir d'une journée bien remplie, ne connaissant ni les défaillances de l'âge, ni le repos bien légitime de l'ouvrier qui a porté le poids de la chaleur et du jour. A peine rentré à la maison-mère, sans se préoccuper de sa santé et ne consultant que son courage, il se rend aux cris qui l'appellent de toutes parts, et, sur l'invitation de ses supérieurs, il reprend immédiatement ses chères œuvres. Il se sent de nouveau dans son élément et n'éprouve qu'un désir : réparer ses trois ans d'inaction forcée par un redoublement de zèle et d'activité. Rien ne l'arrêtera désormais dans ses courses à travers la France et l'Italie ; il vole, semant partout sur son passage le bon grain de la parole et de l'édification. On dirait qu'un secret pressentiment l'instruit et le pousse ! Le temps presse, la fin approche ! En avant ! En avant ! Et ne prenant d'autre repos que celui des fatigants voyages qui le mènent rapidement d'un travail à un autre, il court de fatigue en fatigue, produisant des fruits merveilleux dans la sanctification des âmes et s'occupant plus que jamais de sa propre sanctification.

Etant désormais connu partout, il est partout désiré, demandé, réclamé à grands cris. Paris, Versailles, la Bretagne, Chartres, Montpellier, Toulouse, Marseille, le reçoivent tour à tour ;

comme le divin Maître, il passe en faisant le bien
et court évangéliser d'autres âmes qui attendent
son ministère. Et c'est toujours le même zèle, toujours la même édification et le même succès.

Ce fut au milieu de ces incessants travaux que,
dans le mois de septembre 1867, M. Oudiette fut
foudroyé par une bien triste nouvelle. Son unique
sœur, qu'il aimait tendrement, venait de mourir,
victime d'un affreux accident. Afin d'accorder un
peu de délassement à ses domestiques, cette
femme charitable s'était privée, pour une soirée, de
leurs services ; et c'est en essayant de puiser de
l'eau que, ses forces ne répondant pas à son courage, elle fut entraînée au fond d'un puits d'où
on la retira sans vie. M. Oudiette fut atterré.
Sa douleur fut tempérée cependant par le souvenir
de la foi et de la piété de sa chère défunte ; car ils
étaient dignes l'un de l'autre ; ensemble ils avaient
grandi dans l'amour de Dieu ; elle avait été son
ange gardien durant son séjour à la cure de
Chouilly ; et il était toujours resté son conseiller,
son soutien et son guide. La sensibilité de M. Oudiette perçait à son insu lorsqu'il parlait de cet
événement et l'on devinait alors de quel deuil et
de quelle douleur son cœur était rempli. Il existait
un contraste frappant entre son détachement, fruit
acquis par de rudes combats, et sa parfaite tendresse pour les siens ; il n'accordait rien à la
nature, mais il ne refusait rien à la reconnaissance.

Cependant la terrible guerre de 1870-1871 venait

d'éclater sur notre pauvre pays, et les belles fêtes
de la cinquantaine de vocation de M. Etienne
se terminaient brusquement au bruit de nos
premiers désastres qui, hélas ! allaient être suivis
de tant d'autres. M. Oudiette qui, en fils reconnaissant, s'était rendu à Paris pour offrir ses vœux
à un Père à qui il devait tant, ne tardait pas à
quitter la capitale pour reprendre en province le
cours de ses travaux un moment interrompu par
les devoirs de la reconnaissance. La Révolution du
4 septembre le trouvait à Marseille prêchant une
retraite de sœurs à la Bienfaisance, chez la sœur
Azam. Il allait, immédiatement après, s'embarquer
pour l'Italie. Ecoutons-le lui-même racontant son
départ et son arrivée à Naples :

« La retraite chez sœur Azam, ouverte pendant la
« proclamation de la République, fut d'autant plus
« édifiante que les événements provoquaient de plus
« ferventes prières et des réflexions plus sérieuses.
« L'ignorance de l'avenir et la prudence me firent
« consulter le Très-Honoré Père avant de pren-
« dre la route de Naples ; un télégramme décida
« l'embarquement. Comme de coutume, je jetai à la
« mer toute ma provision de mauvaise humeur. Le
« vent contraire nous fit passer la nuit du 16 et la
« matinée du 17 dans le port de Civita-Vecchia.
« Malgré mon désir d'aller célébrer le saint sacri-
« fice dans une église voisine, on me conseilla de
« demeurer à bord ; voici pourquoi: Les troupes
« italiennes avaient pris possession de la ville et

« je les vis entrer dans le fort pour arborer leur
« drapeau à la place de l'étendard pontifical.
« Désarmés et enfermés dans le Lazaret, les zoua-
« ves contemplaient, comme moi, la flotte italienne
« d'un côté, et de l'autre les tentes d'une troupe de
« soldats qui rendaient inutile la résistance. En
« quittant le port j'ai. en la consolation de bénir
« ces braves enfants accourus sur la jetée pour
« dire adieu au bâtiment français. Vers trois heures
« on signala le dôme de Saint-Pierre ; je grimpai
« sur la dunette et à l'aide d'un binocle je recon-
« nus parfaitement la coupole bien-aimée... Le
« lendemain 18, nous entrions à quatre heures du
« matin dans le port de Naples. Le soir, commença
« la première retraite ; elle fut presque aussi
« nombreuse que celle de Marseille et nos quatre-
« vingts sœurs ne furent pas moins édifiantes. Le
« 19 et le 22, j'ai eu la consolation de vénérer saint
« Janvier et de constater le miracle qui a lieu
« chaque jour pendant la neuvaine. Le 25, grâce
« à un privilége du Pape, les missionnaires ont
« célébré la mort de saint Vincent dans l'église de
« la maison Saint-Nicolas. Le 27, clôture de la
« retraite et célébration de la fête dans le sanc-
« tuaire de la maison du *Concilio*. C'était beaucoup
« plus solennel qu'en France. Les jours suivants
« furent employés à évangéliser et à confesser les
« sœurs de Samma, Capoue, Caserte et Naples.
« Ouverte hier au soir, notre seconde retraite
« compte soixante-quinze sœurs. »

Depuis le mois de septembre 1870 jusqu'à la fin de juin 1871, M. Oudiette évangélise successivement les maisons des Filles de la Charité en Italie. Les retraites se suivent presque sans interruption; et ainsi son courage et ses forces heureusement conservés lui permettent d'utiliser ce temps que les malheurs de notre pauvre France le forçent de passer loin d'elle.

Grâce à quelques documents et surtout à des notes de voyage qui nous ont été confiées, il nous serait permis de suivre pas à pas notre missionnaire dans ses courses apostoliques à travers l'Italie. Tout en nous bornant, nous ne résisterons pas pourtant au plaisir, bien légitime d'ailleurs, de nous arrêter parfois avec lui et de partager divers sentiments qui débordaient de son âme. Oh ! qu'ils sont beaux sur les montagnes les pas de celui qui évangélise la paix et le salut ! mais ils sont beaux d'une beauté toute particulière, nous semble-t-il, alors qu'ils fournissent leur dernière course et vont s'arrêter à jamais ! L'astre du jour, à son couchant, n'envoie-t-il pas d'ordinaire une lumière plus douce et plus attachante ?

Après plusieurs retraites successivement prêchées aux sœurs du royaume de Naples et de la Sicile, M. Oudiette traversa toute l'Italie pour venir reprendre ses travaux en Piémont ; mais il ne put passer à côté de Lorette sans venir dans ce sanctuaire béni entre tous, offrir à Marie l'hommage filial de son amour et de sa reconnaissance. Arrivé à Turin, le 5 novembre 1870, il y évangélise tour à tour les Dames de Charité de la ville et les sœurs de la Province Piémontaise, accommodant son flexible talent aux besoins de ces auditoires si divers. Son tact, sa prudence, l'exquise bonté de son cœur lui valurent les sympathies des confrères et des sœurs, et en quittant Turin il y laissa les meilleurs souvenirs.

Quelques jours après, ayant retrempé son âme dans les eaux vivifiantes de la retraite, il arrivait sans délai à Milan où il devait évangéliser les sœurs de la ville et des environs. Milan ! c'était pour M. Oudiette la ville du passé ; il y arrivait tout ému d'avance des consolations que sa foi et sa piété allaient y recueillir. Si la mémoire des Ambroise, des Augustin et des Borromée n'eût pas suffi pour lui faire revoir avec bonheur la vieille ville Lombarde, ses impressions personnelles et ses souvenirs l'eussent fait. Durant son premier séjour, il y avait travaillé et souffert ; il y avait suivi dans quelques âmes l'action de la grâce ; n'était-ce pas assez pour lui faire aimer cette antique et chrétienne cité ?

Il saisissait au vol les rares instants de liberté que lui laissait le travail de la retraite, pour aller prier dans les lieux sanctifiés par le passage des saints ; il le faisait avec une vive ferveur, s'enivrant des parfums de vertu qui s'échappent de leurs reliques. La basilique de Saint-Ambroise, si remarquable à tous égards, avait pour lui un

inexprimable attrait. C'était une vieille connaissance, une ancienne amie ; il la préférait à toutes
les autres églises, et s'y réfugiait pendant de
longues heures pour prier ; il en connaissait les
richesses sans nombre et les moindres détails ; il
jouissait de la faire admirer et il excellait à éveiller
dans l'âme des autres les sentiments qui remplis-
saient la sienne. Aussi le bonheur de voir était-il
doublé lorsqu'on voyait en sa compagnie. Il racontait avec une éloquence émue les scènes sublimes
dont fut témoin cette église tant de fois séculaire.
Les immortels génies qui l'illustrèrent revivaient
à sa voix ; et en l'écoutant parler d'Ambroise et de
Théodose, d'Augustin et de Monique, on se croyait
transporté dans ce passé, qui grâce à lui devenait
le présent.

La chaire est encore celle de Saint-Ambroise ;
les degrés qui y conduisent furent foulés par le
grand Docteur. C'était plaisir de voir M. Oudiette
s'agenouiller dans la poussière et coller son front
et ses lèvres sur ces pierres consacrées par l'attou-
chement d'un saint. « Ma foi se réchauffe au souffle
du passé ! » disait-il. Aussi, quels accents furent
les siens durant cette retraite ! Rarement il fut
mieux inspiré ; sa parole facile, ardente, imagée,
pleine foi et d'onction était plus que jamais impré-
gnée d'amour de Dieu.

L'antique cité est remplie du souvenir du saint
qui fut sa gloire. Saint Charles Borromée se retrouve
à chaque pas ; mais ce qui frappait surtout M. Ou-

diette, et qu'il faisait remarquer à tout propos, c'est le mot que le grand évêque avait pris pour devise : *Humilitas*. Ce mot se retrouve dans tous les lieux qui rappellent le souvenir du saint prélat ; il étincelle en lettres gigantesques au frontispice de la maison qu'il habita, et on le lit encore sur son tombeau. « Oh ! que c'est bien là la devise d'un saint, disait M. Oudiette; et quels enseignements renferme cette unique parole ! »

La Grande-Chartreuse de Pavie, également célèbre dans les fastes de l'Eglise et dans les annales de l'histoire, est voisine de Milan ; M. Oudiette la connaissait déjà ; néanmoins il souhaita revoir ce monastère qu'il regardait comme le chef-d'œuvre de l'Italie. « Je n'ai jamais rien vu de comparable, disait-il, à ce grand acte de foi et d'expiation écrit en splendides caractères par Galéas Visconti ! »

Le prieur, un aimable vieillard, fit avec grâce les honneurs de son couvent et, une fois encore, M. Oudiette revit une Chartreuse. Il n'était pas homme à manquer un acte d'humilité qui se trouvait sur son chemin. Il rappela brièvement et humblement son entrée chez les chartreux, et qualifia cet acte de *présomption ridicule*. Au moment de quitter le religieux qui lui avait servi de cicerone, il se jeta à ses genoux le suppliant de le bénir, et il le fit en termes si pressants que le fils de saint Bruno ne sut pas résister aux instances du fils de saint Vincent. L'attitude respectueuse de

M. Oudiette durant ce petit débat rappelait celle d'un petit enfant aux pieds de son père !

Son intelligence et son cœur se trouvaient à l'aise dans un tel milieu. Une grande hauteur de vues, un sentiment très-vif du vrai et du beau le dirigeaient dans ses admirations, dans son enthousiasme. Rien n'échappait à sa rare intelligence, encore moins à sa foi. Il s'arrêtait de préférence devant les merveilles de la grâce retracées par l'immortel pinceau des maîtres. Devant certains tableaux, il demeurait comme en extase ; les limites du temps et les voiles de la foi n'existaient plus pour lui ; il voyait, non la peinture, mais la scène représentée. On s'étonnera peut-être que son émotion fût assez vive, assez profonde pour transpirer au-dehors ; cependant, durant ce voyage, que de fois il fut surpris avec des larmes dans les yeux !...

Cette courte halte fut son seul repos ; dès le lendemain il se dirigeait vers Brescia. Il y passa quelques rapides journées partagées entre le travail et de pieuses visites. Ce fut pendant ce voyage qu'il célébra les saints mystères sur l'autel élevé au-dessus du puits qui servit de sépulcre aux martyrs de la Légion Thébaine. Cette messe dite à une heure matinale, au milieu des ténèbres profondes à peine dissipées par les cierges de l'autel, entendue par quelques pauvres femmes et quelques Filles de la Charité, lui avait causé une vive impression dont il garda un doux souvenir.

Durant ces courses à travers l'Italie, notre

France agonisait ; chaque courrier apportait la nouvelle de nouveaux désastres. Dieu seul sait par quelles ardentes prières et par quels sanglants sacrifices il demandait le salut de la patrie ! Nos revers avaient dans son cœur un douloureux retentissement. A la vue de la fille aînée de l'Eglise entrainée vers un incommensurable abîme, il ne cherchait point à dissimuler sa douleur ; et aux Françaises qu'il rencontrait sur sa route, il faisait un devoir de prier avec ferveur, afin d'obtenir le salut de notre chère France.

Dès les premiers jours de janvier 1871, après une deuxième retraite prêchée à la maison centrale, il partit pour la Toscane où il avait aussi à évangéliser les sœurs.

Ce fut à Florence que s'ouvrirent les exercices. Là, comme partout ailleurs, son talent, mais surtout sa foi et sa piété portèrent d'heureux fruits. Dans ses rares moments de loisir, il visita les nombreuses églises et les merveilles qui les remplissent ; mais il ne s'accorda pas une seule visite dans les musées et les splendides galeries qui rendent Florence célèbre entre toutes les cités italiennes. Il aurait cru trahir son bon Maître en cherchant un plaisir ailleurs qu'en lui.

Comme on était frappé du profond respect que témoignait son extérieur, dès qu'il pénétrait dans une église ! Il faisait un grand signe de croix, adorait l'hôte divin du Tabernacle , souvent s'oubliait avec lui, et jamais, avant d'avoir rempli

ce devoir, il ne donnait un regard aux magnifi-
cences qui l'entouraient.

M. Oudiette connaissait déjà Florence ; il aimait
cette ville au doux climat, et il éprouvait un vrai
plaisir à revoir les merveilles amoncelées dans
les églises et qui font de l'ancienne capitale
Toscane une ville à part. Toutefois, entre tous
les souvenirs qu'il gardait de son premier passage, le meilleur, le plus aimé, c'était celui de
sa visite au couvent de Saint-Marc, rendu à
jamais célèbre par l'immortel pinceau de Fra
Angelico. Chacune des fresques qui ornent les
cellules sont des chefs-d'œuvre qu'on ne se lasse
pas de contempler. Celle qui représente le cou-
ronnement de la Sainte Vierge avait les préférences de M. Oudiette ; il en parlait avec une admiration enthousiaste, et se montrait réellement
heureux de revoir cette délicieuse peinture. Lorsque, pour la deuxième fois, il entra dans la petite
cellule si magnifiquement décorée, il indiqua du
regard la célèbre fresque aux personnes qui
l'accompagnaient ; puis il tomba à genoux et pro-
longea durant quelques instants son ardente
prière... « Il est des choses, dit-il en se retirant,
« qui instinctivement font plier les genoux ; l'ad-
« miration ne suffit pas ; il faut la prière ! Oh !
« que ce Fra Angelico était encore plus un grand
« saint qu'un grand artiste ! Quel amour devait
« remplir son âme pour qu'il ait pu aussi bien
« représenter Jésus et Marie ! »

Les travaux de M. Oudiette, dans le nord et le centre de l'Italie touchaient à peine à leur terme, et déjà on le redemandait à Naples avec de telles instances qu'il dut sans tarder reprendre la route de l'Italie méridionale. Il fallait passer par Foligno, et cette dernière ville est si proche d'Assise qu'on décida le voyageur à s'arrêter dans les lieux consacrés par le Séraphique saint François et par sainte Claire.

On était au commencement de février ; il partit de Foligno longtemps avant le jour, afin d'arriver assez tôt pour célébrer la sainte messe dans la petite chapelle où saint François eut la vision miraculeuse ; ce souvenir s'y perpétue encore par l'indulgence de la Portioncule. Cette humble chapelle, grossièrement bâtie, est cependant enchâssée comme un diamant dans l'imposante basilique de Notre-Dame des Anges.

Assise est une ville à part ; elle garde vivant le souvenir de celui que les générations en se succédant appellent toujours *le pauvre d'Assise*. Rien de moderne n'a encore pénétré dans cette ville que saint François garde comme un sanctuaire et qui conserve l'empreinte des siècles passés.

Cette vallée de l'Ombrie que domine la petite montagne sur laquelle la ville est située, offre au voyageur une incomparable beauté. Vue par ce jour d'hiver, doux et doré de soleil comme un de nos jours de printemps, elle avait un charme inexprimable ; et la gigantesque statue du Souverain

Pontife qui semble veiller sur l'immense monastère, rappelait fort bien, dans son immobilité, l'immobilité de la sainte Eglise elle-même.

L'âme de M. Oudiette était loin de rester insensible à ces grandeurs qui l'entouraient. La splendeur des horizons italiens, la richesse de la végétation, le contraste des riantes vallées et des hautes montagnes, tout lui était un thème inépuisable pour louer Dieu et ramener vers Lui ses pensées et celles des autres. Son étude constante, son but unique, était d'étendre le règne de Jésus-Christ; aussi, ne laissait-il échapper aucune occasion de parler de ce bon Maître, d'inspirer de saints et utiles désirs et de pousser les âmes en avant. Les sœurs italiennes qui, durant ces courses, le virent de près ne cessaient de répéter : « Quel saint missionnaire ! Quel digne fils de saint Vincent ! »

Ses travaux le retinrent dans le sud de la péninsule jusqu'à la fin du mois de juin. Ayant reçu à cette époque l'ordre de rentrer en France, il se dirigea immédiatement vers Paris où il arriva dans les premiers jours de juillet.

CHAPITRE IV.

Avant de suivre le vaillant missionnaire dans
ses derniers travaux et de le contempler, dans sa
lutte suprême, aux prises avec la mort qui
approche, le moment nous semble venu de nous
arrêter quelque peu et d'étudier plus attentive-
ment son âme, son action, et, pour ainsi parler,
son œuvre elle-même. Nous pourrons par là nous
édifier encore à son contact, et en même temps
nous rendre plus facilement compte des moyens
qui l'aidèrent à remplir si fructueusement son
difficile et important ministère. Ce ne sera point
là assurément une œuvre facile ; car ce vaillant et
modeste ouvrier cacha, autant qu'il le put, ses
dons et ses brillantes qualités sous le voile impé-
nétrable du silence et de la modestie. Nous devons
néanmoins l'essayer, sous peine de laisser dans
l'ombre de précieux enseignements, des exemples
réconfortants, en un mot, de cacher sous le bois-
seau une douce et bienfaisante lumière capable
encore de luire, d'éclairer et d'échauffer nos âmes.

Nous avons eu déjà l'occasion de le faire remarquer, M. Oudiette n'avait en son extérieur aucun

de ces dons, de ces avantages physiques que les
hommes recherchent et qui imposent ou attirent
d'abord la sympathie. Mais, en compensation, il
avait reçu de Dieu des qualités naturelles plus
solides et plus précieuses : une intelligence vive
et pénétrante, un cœur d'or sous une écorce quelque peu rude, une volonté de fer, un caractère
franc, ouvert et loyal, un esprit pétillant et
prompt aux réparties, une langue fort déliée dont
il eût fait facilement un dard redoutable,... bref,
tout un ensemble de dons et de qualités qui, pour
se cacher sous une enveloppe quelque peu gros-
sière et de chétive apparence, n'en était pas moins
vraiment remarquable. On trouvait même réunies
en lui des qualités qui semblent incompatibles.
Ainsi, allure ronde, même quelque peu militaire,
et pourtant pas de brusquerie, mais au contraire
beaucoup de modération et de douceur; ainsi
encore, une apparence austère, des dehors peu
sympathiques, et une rare bonté de cœur, une
exquise délicatesse qui donnait à ses relations
intimes un charme inappréciable.

Mais quelque remarquable que fût l'ensemble
des qualités que M. Oudiette avait reçues de la
nature, il y eut en lui quelque chose de plus admirable encore, et surtout de plus rare; nous voulons dire cet ensemble et cette réunion de vertus
surnaturelles dont Dieu avait déposé le germe en
son âme et que sa volonté secondée de la grâce fit
croître, grandir, et développa à un degré peu

commun. Voilà surtout l'œuvre et le vrai mérite
de M. Oudiette, et voilà aussi ses grands et infail-
libles moyens d'action ! Oui, ici est comme le nœud
et l'explication de sa sainteté, le nœud et l'explication de son fructueux ministère. On ne sera
donc pas étonné si nous insistons pour étudier
séparément et mettre en leur jour quelques-unes
des vertus qui le distinguèrent.

Celle qui frappait de prime abord et constituait
comme l'impression première, c'était, ce nous
semble, son esprit de foi. Sa tenue si réglée et si
digne, quoique sans recherche et sans effort,
n'indiquait pas seulement un caractère noble,
mais surtout une âme pénétrée de la présence de
Dieu et vivant dans un monde surnaturel. Ses
paupières habituellement baissées sur ses yeux
pétillants dénotaient plus qu'une exacte modestie
et une parfaite tenue religieuse ; on devinait un
cœur sevré de toute curiosité humaine, indifférent
à tous les riens de ce monde et uniquement tourné
vers les choses célestes. Sa vue rappelait naturellement ces paroles de l'Apôtre : *Non contemplan-
tibus nobis quæ videntur, sed quæ non videntur.
Pour nous, nous n'arrêtons pas nos regards
sur les choses visibles qui sont passagères,
mais sur celles qu'on ne voit pas et qui sont
éternelles.*

Cette impression que produisait son extérieur
ne se démentait pas lorsque, son âme entr'ouvrant
cette enveloppe de recueillement, il se mettait en

6

communication avec le prochain. En le voyant
agir, en l'entendant parler, on trouvait en lui un
tel mélange de retenue, d'humilité et de vues
surnaturelles, qu'on était forcé de dire : Voici vraiment un homme de Dieu ! Sa parole pleine de
délicatesse ne s'attardait pas dans des conversations futiles, banales ou inutiles ; il les saupou-
drait agréablement de réparties pleines d'à-propos,
d'amabilité, de gaieté même, mais surtout d'esprit
surnaturel. On sentait que son cœur, plein d'attrait
pour les choses divines, le dirigeait toujours de
ce côté. D'ailleurs, en dehors des récréations de
règle et d'obligation, on était sûr de le trouver
dans la retraite, le recueillement ou la prière.

Mais c'est surtout dans les exercices religieux
et spécialement dans la célébration de la sainte
messe que paraissait davantage son esprit de foi.
« Oh ! que voilà un prêtre qui dit bien la messe ! »
s'écriait un jour, à Notre-Dame-des-Victoires, un
officier supérieur qui venait d'assister au saint
Sacrifice offert par M. Oudiette. En effet, au saint
autel, impossible de saisir dans son extérieur un
moment de trève ; son application à Dieu et son
recueillement étaient continuels ; aussi, durant le
saint sacrifice, sa démarche, sa pose, le caractère
bien tranché de ses mouvements, ses traits, l'accent de sa voix révélaient plus qu'une âme atten-
tive ; on sentait le souffle de la piété et de la ferveur ; on devinait que Dieu régnait en maître
dans son cœur et y occupait la place souveraine.

Ce vrai serviteur de Dieu n'ignorait pas l'importance et la nécessité de la vertu d'humilité dans
la vie chrétienne ; il savait qu'elle est la base et le
fondement de tout, et que, sans elle, on ne peut rien
pour sa propre sanctification et pour la sanctification des âmes. Aussi il agit en conséquence, et se
sentant de bonne heure dominé et tyrannisé par un
orgueil qu'il qualifiait lui-même d'insupportable,
de bonne heure il travailla à acquérir l'humilité.
Ce fut pour lui un rude et long travail ; car, on le
comprend, avec une nature aussi richement douée
l'amour-propre dut être longtemps vivace, sans
cesse maté, mais sans cesse renaissant. M. Oudiette
resta pourtant le maître à force d'énergie, et l'on
peut dire que l'humilité était devenue, vers la fin
de sa vie, comme son élément. Connaître son
néant, s'y abîmer volontairement, tout faire pour
le dévoiler au dehors, tels furent les degrés qu'il
gravit successivement et qui le menèrent rapidement, dans cette vertu difficile, à un point et à
une hauteur que fort peu atteignent.

Épris d'une telle estime et d'un tel amour pour
cette vertu, est-il étonnant qu'il l'ait sans cesse
recommandée aux âmes dont il eut la direction ?
Nous nous réservons de rappeler plus loin ses
énergiques exhortations à ce sujet ; bornons-nous
ici à citer quelques traits et à indiquer de quelle
manière il la pratiquait lui-même.

Convaincu de bonne heure qu'on n'acquiert
point une telle vertu sans des actes réitérés, il

rechercha de bonne heure les humiliations, comme
le témoignent ses maîtres et ses condisciples du
séminaire de Châlons. On sait par son propre aveu
que c'est l'amour de cette vertu qui détermina
son entrée dans la famille de saint Vincent. A ce
sujet, voici ce que rapporte un respectable ecclésiastique de ses amis : « Lorsque M. Oudiette vint
« m'annoncer qu'il était admis à faire son noviciat
« chez les Messieurs de Saint-Lazare, je me per-
« mis de lui demander quel motif le décidait à
« devenir lazariste plutôt que jésuite. — Oh ! me
« dit-il, chez les jésuites *on fait grand ;* et moi je
« suis petit ! Je ne conviendrais pas pour être un
« fils de saint Ignace ; mais, comme pour être un
« enfant de saint Vincent il suffit d'être modeste
« et chétif, cela fera mieux mon affaire ! — Et,
« conclut le digne prêtre qui nous donne ce détail,
« le ton avec lequel il parlait ainsi me prouvait
« bien que ce langage partait du cœur. »

Entré dans la Congrégation avec de telles dispositions, il est aisé de comprendre que M. Oudiette
ait déployé toute son ardeur pour imiter le père et
le modèle qu'il venait de se donner. Il se compta
toujours pour rien, et jamais il n'accepta un éloge.
Lui parlait-on du bien qu'il faisait dans les
retraites : « A Dieu l'honneur, disait-il, à moi la
confusion ! Je ne suis que le porte-voix du maître ;
j'ouvre la bouche, et il parle ! »

Dès qu'il arrivait dans un établissement pour y
exercer son ministère, il se présentait sans tarder

à l'aumônier de la maison et avec une politesse exquise se mettait à sa disposition. « Voici, ajoutait-il alors, voici un pauvre pêcheur qui vient travailler à la vigne du Seigneur ; veuillez demander, Monsieur, que je ne sois pas un obstacle à la grâce ! » Car, à l'exemple de saint Vincent, sa conviction intime était qu'il ne pouvait que gâter l'œuvre de Dieu.

Rarement il parlait de lui-même et il pratiquait le premier cette sage maxime qu'il avait l'habitude de répéter : « Ne parlez jamais de vous, ni en bien ni en mal ; c'est le plus sûr ! » Et quand il était obligé d'entrer dans des détails qui le concernaient, il retranchait avec grand soin tout ce qui aurait pu lui faire honneur. Mais aussi il prenait un singulier plaisir à répéter et à faire bien ressortir tout ce qui était propre à l'humilier. C'est ainsi qu'il parlait quelquefois de son *escapade* chez les Chartreux, n'oubliant jamais les circonstances qui lui paraissaient propres à le faire blâmer davantage. — « Quelle soutane râpée vous portez là ! lui dit un jour une respectable supérieure. — En effet, ma sœur, répondit-il, bien misérable ; mais bien plus râpé et bien plus misérable encore celui qui la porte ! »

Il alla même plus loin et il rechercha ardemment les humiliations, à l'exemple de saint Vincent ; car, fervent admirateur de l'humilité de notre bienheureux Père, il visa surtout à être son constant imitateur ; et par là il mérita l'honneur de reproduire quelques-uns de ses plus beaux traits de vertu. En voici un exemple choisi entre plusieurs autres.

Des revers avaient obligé un des parents de M. Oudiette d'accepter un asile dans un établissement de charité. S'il fût demeuré dans sa position de fortune, il est probable que l'humble missionnaire se serait fort peu inquiété d'un tel cousin, allié à des magistrats haut placés. Mais il était devenu pauvre, et l'humilité ayant à tirer profit d'une visite, il s'empressa de la faire. La supérieure, qui connaissait et estimait M. Oudiette, fit appeler le malade au parloir de la communauté. Après quelque temps de cordial entretien, ils se séparèrent. Mais, pour quitter la maison, M. Oudiette devait passer devant les salles des malades. Lorsqu'il fut arrivé en face de celle où se trouvait son parent, il manifesta l'intention d'y entrer. La supérieure qui l'accompagnait essaya sous divers prétextes de le détourner de ce projet ; mais toute son adresse échoua auprès de l'obstiné visiteur qui tenait là une bonne occasion de pratiquer l'humilité. Il entre donc, et se dirigeant tout droit vers son cousin, en présence des quarante vieillards qui étaient présents, il l'embrasse avec effusion, l'appelle son cher cousin, et le félicitant du soin que la divine Providence prend de lui, il l'exhorte à se montrer reconnaissant et ne le quitte qu'après avoir obtenu la promesse qu'il s'approcherait des sacrements dont il était éloigné depuis longtemps.

Cette conduite produisit une excellente impression sur toutes les personnes qui en furent témoins, et le souvenir en est encore vivant dans cette maison. La vie de l'humble serviteur de Dieu est pleine de traits de ce genre. Aussi on ne doit pas s'étonner qu'il ait possédé l'humilité à un degré éminent.

La mortification ne lui fut pas moins chère que l'humilité. Ces deux vertus resplendirent en lui d'un éclat admirable, et il les pratiqua toujours avec une énergie que les difficultés ne purent ni vaincre ni affaiblir. Si son ministère reçut si merveilleusement la bénédiction du ciel, si ses paroles furent fertiles et ses sueurs fructueuses, il dut une telle fécondité, non à sa parole brillante et pleine de feu, non à son adresse, à son éloquence ou à d'autres moyens humains, mais uniquement au sacrifice, à l'immolation, au don qu'il avait fait à Dieu de lui-même et qu'il ne reprit jamais. Car Dieu, qui est l'infinie bonté, est aussi l'infinie justice ; et que peut-il refuser à celui qui, pour obtenir une grâce de sa bonté, commence par satisfaire rigoureusement sa justice ? Aussi les anges seuls pourraient dire par quelles mortifications M. Oudiette arrachait les pauvres âmes à Satan et à l'enfer.

La mortification en lui fut habituelle, persévérante, universelle. Les actes qu'il en faisait pouvaient bien échapper à un observateur superficiel, tant il les pratiquait avec aisance et facilité, tant

il savait surtout les déguiser ; mais pour un œil
attentif, toutes ses actions étaient empreintes de
ce cachet et marquées au coin de l'immolation.
Son extérieur était toujours parfaitement réglé ; il
était impossible de n'être pas frappé de la retenue
de ses regards ; ses yeux étaient habituellement
baissés, et il aimait à dire que, Dieu n'ayant fait
rien d'inutile, nos paupières sont des voiles desti-
nés à couvrir nos yeux. Son attitude seule, si
ferme, si régulière, montrait bien que son âme
tenait le corps sous une surveillance et une disci-
pline continuelles.

La mortification n'attendait pas en lui les occasions extraordinaires pour se produire ; elle se
révélait surtout dans les choses communes et ordinaires ; tous ses confrères, à Paris ou ailleurs, ont
pu le remarquer ; il ne cherchait pas à paraître
mortifié, mais à l'être réellement et sans bruit ;
chez lui, tout était soumis au joug sévère de cette
vertu, goûts, aptitudes, désirs. Il aimait naturellement l'étude, et son bonheur eût été de vivre
beaucoup avec les livres. Or, la Providence lui ayant
fait une vie errante et toute d'action, il trouvait à
peine le temps de lire quelques lettres, rarement celui d'y répondre, jamais celui de travailler.
S'est-il plaint d'un genre de vie si contraire à ses
goûts ? Jamais. Une ou deux fois peut-être, il laissa
échapper, non une plainte, mais un regret, et ce
fut tout. Dans une de ces rares circonstances,
comme il sortait exténué du confessionnal, où il

avait passé la journée entière, la nature lassée
s'écria : « Ma vie, mais c'est une galère ! » Ce ne
fut qu'un éclair ; il reprit aussitôt en souriant :
« Le ciel vaut bien les travaux forcés à perpé-
tuité ! »

Il reprenait chaque jour, sans se lasser jamais,
cette vie de constante immolation ; il se dépensait
sans mesure, et, comme son divin modèle, se
donnait sans compter. Il mortifiait avec un soin extrême le premier mouvement qui, jusqu'au bout,
donna à sa patience un rude exercice ; et il avouait
que chaque interruption de son travail lui coûtait
la répression d'une saillie. S'il lui arrivait quelquefois de laisser percer sa contrariété, il réparait
vite avec délicatesse et bonté la petite blessure
qu'il croyait avoir faite. Une sœur raconte qu'ayant
reçu de lui un accueil un peu rude, elle s'excusait
assez maladroitement de lui faire descendre un
long escalier pour retourner au confessionnal qu'il
venait à peine de quitter : « Je puis fort bien redes-
cendre, dit-il en souriant, je ne suis pas plus fier
que Notre Seigneur ! Il est bien descendu pour
vous ! »

Ce digne fils de saint Vincent avait pour principe qu'un seul acte d'immortification fait perdre
le fruit de nombreux efforts ; aussi il ne s'accordait jamais une satisfaction, jamais il ne faisait
rien dans le seul but d'une jouissance. Pendant
un voyage, on le pressait de s'arrêter dans une
ville où il était connu et aimé ; on insistait sur le

plaisir qu'il aurait à renouveler de vieilles connaissances ; mais on avait beau entasser arguments
sur arguments, le oui désiré n'arrivait pas.
M. Oudiette, malgré les instances, et sans paraître prendre garde à la peine visible qu'il causait,
répondait toujours négativement. Un des assis-
tants, témoin de ce petit débat et pénétrant sans
peine les motifs de sa résistance : — « Au lieu,
dit-il, de parler à M. Oudiette du plaisir de causer
avec des amis et de revoir des lieux connus,
offrez-lui donc du travail, quelques conférences,
des séances au confessionnal ! vous verrez, il
acceptera ! » — Et lui, souriant à ces mots : —
« C'est juste, dit-il, oui, du travail tant que Dieu
voudra m'en donner ! mais pas d'autre plaisir que
le sien ! » — Et un instant après, se retrouvant avec
la personne qui avait deviné les motifs de son
refus, il lui disait avec un geste de dédain qui,
dans de semblables occasions, lui était assez fami-
lier : — « Comprendriez-vous un missionnaire qui,
par plaisir, irait jeter temps et argent sur les grands
chemins ? »

La mortification la plus exacte réglait ses repas ;
il les prenait avec une indifférence complète sur
ce qui lui était servi ; il avait cependant une préférence pour les mets grossiers et ordinaires, et il
regardait comme une bonne fortune tout accident
qui venait seconder son goût pour la mortification.
Un jour, on lui servit par mégarde du vinaigre au
lieu de vin ; il le but sans laisser soupçonner la

méprise, et on ne s'en aperçut que quand il n'était plus temps d'y remédier ; comme on s'en excusait : « Ce n'est rien, dit-il simplement, je l'ai bu *en esprit de foi.* »

Jamais il ne fut possible de deviner ses goûts ou ses antipathies, bien que souvent on l'ait à dessein surveillé, afin de pouvoir soigner une santé qu'il négligeait si fort. Ayant remarqué une fois cette préoccupation dans la personne qui le servait, il se prit à sourire : « Vous ne devinerez rien, lui dit-il, car vous n'avez besoin de rien savoir. » Ah ! c'est qu'il avait admirablement compris que le règne de Dieu ne s'établit que sur la ruine de la nature !

Les moyens de cette immolation lui furent amplement fournis par les travaux de son ministère qui mortifiaient sans relâche toutes ses préférences, tous ses goûts ; et il eut le courage de les mettre à profit sans se laisser jamais arrêter ou détourner. Accidents imprévus, contre-temps, surcharge d'affaires, peines, ennuis, il se servait de tout pour arriver à une totale abnégation de la volonté propre. Moins les occupations étaient de son goût, plus il y appliquait l'énergique ténacité de sa volonté. Aussi, il avait tellement contracté l'habitude de se vaincre que la mortification lui était devenue naturelle et qu'elle se montrait comme instinctivement dans toutes ses actions.

Quand l'humilité s'établit profondément dans une âme, elle ne peut qu'y régner en souveraine, et alors toutes les autres vertus arrivent à sa suite et lui font un admirable cortége. Voilà pourquoi nous trouvons en M. Oudiette toutes celles qui caractérisent les humbles et les saints ; et après l'humilité et la mortification nous allons avoir à admirer sa charité, car il fut aussi charitable qu'humble et mortifié. La charité, dont saint Paul a indiqué les admirables caractères, trouva son complet épanouissement dans cette belle âme. Les dernières conférences qui tombèrent de ses lèvres si vite fermées par la mort, furent consacrées à développer la pensée de l'Apôtre sur cette vertu et parurent à tous parfaitement résumer la vie de celui sur les lèvres duquel on ne surprit jamais une parole de blâme, de critique ou d'amertume.

Saint François de Sales dit que la bonté est le charme le plus puissant que Dieu ait mis en nous pour attirer les cœurs. Il a raison. Aussi, nous comprendrons facilement que M. Oudiette ait provoqué toujours de si vives, de si universelles sympathies. Nous avons eu occasion de le dire et de le constater, il était éminemment bon ; et la bonté, surtout si elle se trouve unie à la fermeté, revêt un charme inexprimable et possède une puissance irrésistible pour gagner les cœurs. Aussi, parmi tant d'âmes qui furent en rapport avec cette âme, il n'en est pas une seule qui ne garde un souvenir attendri de sa bonté tout à la fois si suave et si ferme.

Il suffisait qu'on fût sous le pressoir de la souffrance pour faire jaillir de son cœur des trésors de

sollicitude et d'affection. Il était alors vraiment
prodigue des marques et des effets de son dévoûment. Beaucoup de ses confrères peuvent en rendre
témoignage ; et bien plus grand est encore le nombre des Filles de la Charité qui ont expérimenté
l'excellente bonté de ce cœur.

La charité ennoblissait les moindres actions de
sa vie. Elle apparaissait sous toutes les formes,
faisant admirer tantôt la délicatesse et le charme
de son affection, tantôt la générosité de son cœur,
l'ardeur de son zèle et l'abnégation de son dévoûment. En un mot, cette vie si courte et si pleine
commenta admirablement cette parole qui se pla-
çait si souvent sur ses lèvres : « Honorer Notre
Seigneur comme source et modèle de toute charité.»
Ce fut à cette source intarissable, qu'ayant puisé
le secret de la compassion, il devint l'homme dévoué
par excellence, le conseiller prudent, l'ami sûr,
loyal, sincère, dont l'affection ne connut ni varia-
tions, ni défaillances.

Il eut le rare mérite d'aimer d'autant plus ses
amis, qu'il les savait davantage aux prises avec
l'adversité ; le malheur ne l'éloigna jamais de personne, et ceux-là seuls qui, dans leurs épreuves,
l'ont eu pour appui et pour consolateur, peuvent
justement apprécier son dévoûment et son cœur.

Les traits de sa charité sont innombrables ; nous
devons renoncer à rapporter tous ceux qui sont
arrivés à notre connaissance. Contentons-nous
d'en rappeler rapidement quelques-uns. On n'a

pas oublié ce que nous avons dit de sa charité
durant son séminaire à Châlons ; plus tard, à
Chouilly, elle eut un plus vaste champ, et les
traits que nous en avons recueillis sont vraiment
admirables. Au séminaire de Carcassonne son cœur
ne changea pas ; écoutons un de ses élèves :

« Des plaies m'étaient survenues aux jambes et
« me faisaient beaucoup souffrir. J'en dis un mot
« à M. Oudiette qui était mon directeur. Dès le
« lendemain, je le vis arriver dans ma cellule,
« muni des choses nécessaires à un pansement, et
« s'agenouillant aussitôt devant moi, il se fait mon
« *bon Samaritain !...* Aussi touché que confus, je
« balbutie un remerciement qui contenait une
« allusion élogieuse. Se relevant à ce mot, il me
« lance un regard sévère, et avec un accent et un
« air intraduisibles : — Arrière ! me dit-il ; *vade*
« *retrò Satana !* — A ce cri spontané, je vis le fond
« de cette âme aussi humble que charitable !... »

Durant son long ministère à l'égard des Filles
de la Charité, au milieu de travaux multiples et
écrasants, sa charité paraît s'accroître encore. Il
suffit, pour s'en convaincre, d'écouter ceux qui le
connurent à cette époque ; chacun apporte un fait,
un acte, un trait charmant, fleurs parfumées des-
tinées à former sa couronne. Les détails suivants
vont nous montrer, avec son exquise délicatesse,
le bonheur qu'il trouvait à rendre service.

« J'étais douloureusement préoccupée, raconte
« une Fille de la Charité, de la position difficile et

« précaire de ma pauvre mère. Veuve et sans
« fortune, elle était aux prises avec une maladie
« qui, exigeant des soins assidus, empêchait ma
« sœur, son unique gagne-pain, de se livrer à son
« travail ordinaire. Je me demandais avec angoisse
« d'où ces infortunées pourraient désormais rece-
« voir leur pain quotidien. Tourmentée par ces
« tristes pensées qui m'absorbaient, hélas ! jus-
« qu'au pied des autels, je m'en ouvris enfin à
« M. Oudiette et lui fis part de ma peine. Il m'é-
« couta avec un bienveillant intérêt, il m'encou-
« ragea à compter pleinement sur le bon Dieu et
« termina en me disant : — Il est essentiel que
« votre sœur puisse continuer son travail ; mais
« il ne l'est pas moins que votre bonne mère reçoive
« les soins nécessaires dans son état de santé. La
« bonne Providence me fournit le moyen de réa-
« liser ce double but ; je puis disposer d'une petite
« somme qui servira à procurer une garde à votre
« mère, et Dieu nous continuera ce secours aussi
« longtemps qu'il sera nécessaire. Soyez donc
« tranquille ! — C'est ainsi qu'il se fit l'ange visi-
« ble de ma mère. Il la visita chaque fois qu'il
« dut traverser ma ville natale, et il mit à l'obliger
« tant de tact et de délicatesse, qu'il lui fit non-
« seulement accepter, mais aimer ses bienfaits. »

Le fait suivant n'est pas isolé dans cette belle
vie ; combien ou en pourrait citer de semblables !
Une pauvre jeune fille, simple ouvrière arrachée
de sa province où elle avait été chrétiennement

élevée, était tombée dans le gouffre d'un atelier
parisien. Elle fut vivement recommandée à M. Oudiette et mise pour ainsi dire à l'abri sous la pro-
tection de sa charité. Malgré ses incessantes
occupations, il la voyait chaque semaine, s'informait
non-seulement de l'état de son âme mais de celui
de sa bourse et poussait la bonté et la sollicitude
jusqu'à lui procurer de l'ouvrage.

Plus tard, la pauvre enfant, transformée par ses
soins, racontait avec des larmes de reconnaissance
la patience de son protecteur et les moyens ingé-
nieux dont il s'était servi pour l'arracher au danger.

Un jour qu'elle exposait vivement à M. Oudiette
l'étrange fascination que produisaient sur son
cœur les brillants étalages de la capitale au moment
où elle quittait l'atelier pour regagner son humble et triste mansarde : « Souvenez-vous bien, lui
dit-il, que vous vous nommez Marie, que vous êtes
l'enfant de la Sainte Vierge, et passez désormais
hardiment devant ces étalages en regardant les
pavés et en disant votre chapelet ! » Et la jeune
fille demeura victorieuse !

Il s'occupa avec non moins de zèle et de charité
d'une famille fort honorable que des revers immé-
rités avaient plongée dans une gêne voisine de la
misère. Cette pauvreté était d'autant plus lourde à
supporter qu'il fallait la dérober à tous les regards.
Le chef, honnête homme selon le monde, n'avait
pas la foi. Pour sauver cette pauvre victime de
l'indifférence, M. Oudiette commença par l'arra-

cher à la misère, espérant ainsi l'amener à la foi
en lui prouvant, par la charité, la vérité de la
Religion. Ce qu'en cette circonstance il dut déployer de zèle industrieux, de bonté, de tact et de
savoir-faire, ne saurait se dire, pas plus que ce
que lui coûta de démarches, de courses et de
lettres, la place lucrative et honorable qu'il fit
obtenir à son protégé. Mais il atteignit son double
but, et la reconnaissance ramena cette âme à Dieu.

La bonté de M. Oudiette le portait de préférence
vers les affligés ; c'était comme un penchant irrésistible qui inclinait son cœur et le subjuguait.
Lorsqu'on venait à lui l'âme blessée et meurtrie,
il se surpassait lui-même et sa bonté faisait songer
au consolant mystère de la miséricorde incarnée.
« Je ne comprends la miséricorde, disait-il, que
depuis que je palpe si souvent la misère ! » Ce
sentiment grandissant toujours en lui, il devint de
jour en jour plus accessible aux souffrances qui
aimaient à s'abriter à l'ombre de sa charité.

En avançant dans la vie, il apprit à se montrer
plus compatissant ; cette progression était visible,
et sa bonté ainsi développée fut un des charmes de
son âge mûr. Que de pauvres cœurs l'ont doucement ressenti, et que d'âmes ulcérées pourraient
en rendre témoignage !

« Il faut savoir se déranger pour arranger les
autres », disait-il bien souvent ; ce mot nous donne
la mesure de son abnégation personnelle, car son
dévouement mit admirablement en pratique cette

7

difficile maxime. Il ne négligea aucune occasion de rendre service, d'aider, d'encourager. La charité répandait son onction dans ses paroles, dans ses procédés, dans chacun de ses actes, et pourtant, tout en se dévouant avec une libéralité qui rappelait celle de Dieu, il croyait n'avoir rien fait, et il se considérait toujours comme un serviteur inutile, inutile à la gloire de Dieu, inutile au bien des âmes et au soulagement de ses frères ! Une des formes que revêtit souvent sa charité fut la reconnaissance. Chacun des témoignages de sa gratitude était empreint de la plus aimable délicatesse. Il racontait les petits services qui lui étaient rendus, et les rappelait aux personnes de qui il les avait reçus, longtemps après qu'elles les avaient oubliés. Enfin il remerciait des moindres attentions, ne soupçonnant certes pas la récompense cachée dans le plaisir de l'obliger. Pour lui, si profondément reconnaissant des moindres bontés, il eut toujours le grand art de se dérober à la reconnaissance ; il savait en éviter les témoignages ou ne les recevait qu'à regret.

Et maintenant s'il nous fallait suivre pas à pas M. Oudiette dans la pratique des autres vertus, nous devrions dépasser les limites que nous nous sommes tracées dans ce modeste travail. Qu'il nous suffise de rappeler qu'il eut toutes celles qui font les bons missionnaires ; aucune ne lui fut étrangère.

Homme de devoir par excellence, il fut l'homme

de la règle et de l'obéissance. Sur sa tombe encore
entr'ouverte, une bouche autorisée rendait hommage à l'humble soumission qui fit de lui un instrument docile dans la main de Dieu et de ses
supérieurs : « Il fut toujours prêt au travail et ne
le refusa jamais, disait M. Etienne au lendemain
de sa mort ; et s'il ne fut pas flatteur, il fut toujours fils respectueux et obéissant ! » Ce bref éloge
résume ce noble caractère, fier par nature, humble
et obéissant par vertu.

Il sut se plier avec un soin extrême aux exi-
gences de la sainte pauvreté qui, en le dépouillant,
le détacha de tout. L'amour de cette vertu le rendait
soigneux ; il ménageait le temps et les choses
comme des biens dont il n'était que le dépositaire ;
et tout ce qui était à son usage avait un cachet
d'ordre et de propreté. Les autres vertus de son
état et de sa vocation lui furent également chères ;
en toutes il réalisa d'admirables progrès. Et s'il
lui resta encore quelques défauts à la fin de sa
rude carrière, c'était de ces défauts que les hommes
aperçoivent, mais que Dieu ne juge point ; taches
inhérentes à tout ce qui est humain, ombres nécessaires pour faire ressortir la lumière et lui donner,
même dès ici-bas, son éclat immortel !

CHAPITRE V.

SON MINISTÈRE EN CHAIRE ET AU CONFESSIONNAL — SA
CORRESPONDANCE.

Nous venons d'étudier l'âme et la vie intime du
missionnaire en étudiant les vertus par lesquelles
cette âme et cette vie se manifestèrent au-dehors.
Faisant un pas de plus, nous voudrions maintenant, aidés de la lumière que nous a donnée cette
étude, analyser son action, son œuvre extérieure,
en un mot son ministère à l'égard des âmes. Or,
cette action, cette œuvre, ce ministère, sont admirablement résumés par un seul mot que nous
avons entendu souvent répéter : M. Oudiette fut
l'apôtre des Filles de la Charité.

Telle a été, croyons-nous, la grande mission de
ce vaillant ouvrier, et, nous l'avons suffisamment
indiqué déjà, de longue main Dieu l'avait préparé
à ce ministère ; dans cette vie si mouvementée, la
Providence avait tout disposé pour ce but ; tout y
avait concouru, études, évènements, épreuves
même et tentations ; et d'ailleurs, on doit ajouter
que même par ses aptitudes naturelles, M. Oudiette
convenait parfaitement à cette œuvre ; de telle
sorte que la nature s'unissait ici à la grâce pour
déterminer cette vocation spéciale et lui assurer

les plus merveilleuses bénédictions. De fait, sur les vingt années que M. Oudiette a passées dans la Congrégation, quinze ont été consacrées à ce ministère à peu près exclusivement, et on est effrayé en voyant le nombre de retraites qu'il prêcha depuis son retour de Pologne jusqu'à sa mort. On peut dire qu'il dépensa à cette œuvre son temps et sa vie, car il tomba les armes à la main ; la mort vint le saisir au milieu d'une retraite, la onzième qu'il prêchait depuis cinq mois !

Comme on le sait, ce ministère est complexe ; car, si c'est en chaire que le bien se commence, sous les coups et les ébranlements salutaires de la parole divine, ce n'est qu'au tribunal de la pénitence, au confessionnal, qu'il s'achève et se perfectionne ; ce n'est qu'en suivant chaque âme pas à pas qu'on peut le rendre vraiment durable. M. Oudiette l'avait compris ; aussi il ne négligea aucun des points de son apostolat.

Nous ne dirons pas que M. Oudiette a été un orateur ; assurément jamais il ne songea à un tel titre ; mais nous ne croyons pas exagérer en disant qu'il eut toutes les qualités du vrai missionnaire. Ardeurs de la piété, amour de Dieu, soif du salut des âmes, nobles élans vers le bien, saintes et foudroyantes indignations à la vue du mal, soupirs enflammés aussi bien que cris terrifiants, son cœur était un véritable arsenal où il puisait tour à tour les traits propres à subjuguer les âmes. En chaire, dès qu'il avait fait lentement son grand signe de croix et laissé tomber quelques paroles graves, on oubliait vite sa chétive apparence ; on ne voyait plus alors que le prêtre, le missionnaire, l'apôtre. On était saisi, dominé, subjugué ! Ah ! c'est qu'il avait mieux encore que le cœur qui, dit-on, fait l'orateur ; il avait ce qui constitue le missionnaire et l'apôtre, l'amour de Dieu et l'amour des âmes !

En outre, M. Oudiette avait à son service un talent naturel plus qu'ordinaire. Sa parole était facile, coulante, vive et originale. Science solide, bon sens rare, imagination brillante, mémoire sûre, possédant l'Ecriture sainte et en appliquant les textes avec un merveilleux à-propos, rien ne lui manquait. Mais ce qui le distinguait surtout, c'était cet esprit incisif, railleur même, qui, uni à la connaissance parfaite qu'il avait du cœur humain et spécialement de son auditoire, faisait de sa parole une arme puissante jetant des éclairs et lançant des traits aigus qui allaient droit au but, frappant impitoyablement sur les travers et les défauts qu'il couvrait de ridicule, faisant sourire, mais faisant réfléchir et laissant dans la mémoire un mot frappant, une parole imagée qui n'en sortait plus.

Pourtant, encore une fois, sa grande puissance et le secret de tant de bien qu'il a fait en chaire, ce fut sa piété et comme le rayonnement de sa sainteté. Il persuadait, il subjuguait, il entraînait, parce qu'on savait que sa conduite était en accord parfait avec sa parole, parce qu'on le voyait pratiquer toujours ce qu'il conseillait.

Intéressant, instructif, touchant dans les conférences isolées, M. Oudiette était unique pour les retraites ; ce fut là son triomphe. Il sut vaincre les difficultés qu'offre l'uniformité du thème en variant la manière de dire, car il ne pouvait ni ne voulait varier les sujets.

Chaque retraite formait un tout pour ainsi dire indivisible ; habituellement, un seul texte lui servait pour toutes les conférences, et, avec une habileté peu commune, il gouvernait sa parole et sa pensée de manière à adapter la matière qu'il étudiait à ce texte unique. Telle est sa retraite sur le renouvellement — explication des paroles liturgiques : *Nova sint omnia, corda, voces et opera ;* — celle sur la charité — magnifique développement de la sublime doctrine de saint Paul dans la 1re Epître aux Corinthiens : *Charitas benigna est*, etc.

Il donnait d'abord la définition claire et précise du sujet qu'il allait traiter, le faisait envisager sous son vrai point de vue, et, durant tout le cours des saints exercices, enchaînait les idées les unes aux autres de manière à former dans les esprits un tableau saisissant, dans les âmes une conviction profonde.

Sa logique était nette, serrée, indiscutable. Il établissait la doctrine sur des bases si solides qu'elles ne pouvaient jamais fléchir ; son ensei-

gnement était tel qu'il satisfaisait à la fois le cœur
et la raison ; il n'y avait aucune place pour le
doute ou le vague, et jusque dans sa prédication
l'on retrouvait l'empreinte de son caractère droit,
accentué et loyal.

Une fois son sujet carrément exposé et sa doctrine clairement établie, il excellait surtout à en
déduire les conclusions pratiques ; et alors il était
admirable de précision, de verve et de détail. Nous
ne résistons pas au plaisir d'en donner quelques
exemples.

Parlant de la nécessité de la vie surnaturelle et
voulant indiquer avec quelle facilité on peut se
laisser aller à une vie toute animale et naturelle :
« O les admirables inventions qu'on fait aujour-
« d'hui ! s'écrie-t-il tout-à-coup. Voyez la machine
« à vapeur ! quelle merveille ! Elle s'ébranle, elle
« part, elle crie, elle roule avec rapidité, elle
« s'arrête !... Eh bien ! Est-ce là la vie ? Non, ce
« n'est que le mouvement. Oh ! que de Filles
« de la Charité qui n'ont souvent d'autre vie
« que celle de la machine à vapeur, un mouve-
« ment purement mécanique et machinal !....
« Voyez-les ! On fait le signe de croix, on com-
« mence la prière, on lit le point d'oraison... la
« machine seule a fonctionné ; le cœur et l'atten-
« tion n'y sont pas, et la vraie vie non plus !... On
« part pour la communion,... la machine était au
« repos ; un signal est donné, et elle s'ébranle...
« on part, on reçoit le Saint des Saints, on trans-

« porte l'arche elle-même, on revient à sa place...
« et la machine se repose, et bientôt elle dort !...
« Le sommeil, telle est l'action de grâces de la
« machine !... »

Voici quels moyens il indiquait pour se renouveler dans l'esprit et l'amour de la vocation :
« Nous avons besoin de nous renouveler dans
« l'estime et l'amour de notre vocation ; mais
« comment y réussirons-nous ? Sera-ce en disant
« toute la journée : — O ma chère vocation !
« Plutôt mourir que de la perdre ! — Non, mille
« fois non ! Pas tant de paroles et de protestations !
« Arrivons aux actes et aux effets. — Si vous
« m'aimez, gardez mes commandements — voilà
« la parole de Dieu. Prouvez votre amour et votre
« fidélité par les œuvres. L'heure arrive de s'arra-
« cher aux délices du repos : Vite en l'air ! et
« n'accordez rien à la paresse !... La cloche sonne ;
« en avant ! Courez à cet office où la nature ne
« trouve rien pour elle ; restez courbée une partie
« de la journée, dans cette atmosphère peu
« agréable pour vous qui aimez tant tout ce qui
« flatte vos goûts et votre sensualité ! — Mais ne
« dois-je pas craindre de faire des imprudences
« en travaillant ainsi ? — Laissez ! laissez ! Je me
« charge, moi, de payer tous vos frais d'impru-
« dence, ils ne me ruineront guère ! — Mais cette
« nourriture me fait mal ! — Ne craignez pas, elle
« n'altèrera point votre tempérament !... Secouez-
« vous donc un peu ! vous n'irez au ciel que par

« secousses ; Dieu l'a dit : les violents seuls y
« arrivent !... »

Ailleurs, parlant de la nécessité des épreuves, il
disait : « Il y a des épreuves pour les commen-
« çants, il y en a pour ceux qui ont déjà progressé,
« il y en a même et surtout pour les plus parfaits ;
« tous les saints ont été éprouvés ; faut-il s'étonner
« que les Filles de la Charité le soient ? Epreuves du
« postulat, épreuves du séminaire, épreuves de la
« cinquième année, épreuves ultérieures, et tou-
« jours des épreuves !... Et ne le faut-il pas? Et com-
« ment prouverez-vous à Dieu votre dévouement
« et votre fidélité ? Et puis, que sait-il, celui qui n'a
« pas été éprouvé et tenté ? Ecoutez cette jeune
« sœur sortant du séminaire : elle parle comme
« un vrai docteur, elle possède toute la théorie de
« la souffrance et pourrait disserter une heure
« entière sur les beautés du sacrifice... Mais
« attendons l'épreuve .. la maladie va venir !...
« Elle était éprise de sa beauté, de son teint ver-
« meil, de ses yeux... Laissez passer là-dessus les
« tendresses de la petite-vérole !... Que nous
« sommes loin de ces beaux discours et de ces
« doctes dissertations !... Voyez-vous! pour appren-
« dre à soulager les malades, il n'y a pas de meil-
« leur moyen que d'avoir souffert ; pour consoler
« les affligés, la meilleure grammaire c'est d'avoir
« eu de la peine ! — Mais alors c'est un crucifie-
« ment continuel ? — Sans doute ! Mais n'êtes-
« vous pas les épouses d'un Dieu crucifié ?... »

Telle était sa parole et son action en chaire ;
point d'apprêt ou de recherche. nulle rhétorique,
aucun moyen humain. Dieu et les âmes, il ne
voyait et ne voulait autre chose ; le reste, car il
l'a eu, lui a été donné par surcroît.

Le thème habituel de ses exhortations, de ses
conférences, de ses retraites aux Filles de la Charité était l'observation de leurs saintes règles ; il
y revenait sans cesse ; il y rattachait leurs devoirs
essentiels, leurs obligations, leurs offices, leur vie
entière; il ne s'écarta jamais des enseignements
que saint Vincent, si sagement inspiré, a renfermés dans ce code de la charité. Il en fut du reste
amplement récompensé, et ce livre fut pour lui
une mine féconde ; il y puisait toujours sans
jamais parvenir à l'épuiser, y découvrant sans
cesse de nouvelles beautés à mesure qu'il pénétrait
davantage la pensée du saint fondateur. Il avait
été surtout frappé de la beauté et de la portée
immense des premiers mots de ces règles, par lesquels sont déterminés le but et la fin de la Compagnie des Filles de la Charité : *Honorer Notre-
Seigneur comme source et modèle de toute
charité*. « O humble saint Vincent, s'écriait-il
dans un saint enthousiasme, vous vous disiez un
écolier de quatrième, et vous écriviez de telles
lignes !... Quel fondateur a mis au frontispice de
ses règles un tel dessein !... »

Il serait difficile de dire le bien qu'opéra durant
quinze ans sur des cœurs bien préparés une parole

si claire, si précise, si animée, si pratique. A sa
lumière et à son impulsion, que de volontés
se sont affermies, que de résolutions généreuses
ont été conçues et exécutées, que de trompeuses
illusions ont disparu sans retour !... La reconnaissance en multiplie tous les jours les témoignages,
et nous n'avons que l'embarras du choix. Nous en
citerons un seul entre mille ; les détails nous sont
donnés par la mère Félicité Lequette elle-même :

« Nous avions en province, dit-elle, une sœur
« travaillée par la tentation de passer au Çarmel,
« sous le prétexte d'y mener une vie plus par-
« faite. Sa sœur servante, à bout de ressource,
« nous écrivit pour savoir ce qu'il y avait de mieux
« à faire dans une telle circonstance ; nous
« jugeâmes à propos de rappeler cette sœur près
« de nous afin de lui faire faire la retraite qui
« allait s'ouvrir à la communauté. Cette pauvre
« fille nous arriva la veille, qui était un samedi.
« Par une de ces coïncidences dont la Providence
« a le secret, le lendemain M. Oudiette donnait le
« prône ; son sujet l'amena à parler des tentations ;
« il s'attacha en particulier à combattre celles qui
« sont contre la vocation, et les prenant à leur
« racine, à savoir : le prétexte de chercher une
« plus grande perfection, il montra d'abord que la
« plus parfaite de toutes les vies était l'union de
« celle de Marthe et de Marie, cet heureux mélange
« de la prière et de l'action. Et puisque telle avait
« été la vie du divin modèle lui-même, Notre Sei-

« gneur, et de sa plus parfaite imitatrice son
« Immaculée Mère, l'on devait sûrement conclure
« que là résidait la plus grande perfection... et
« qu'on ne pouvait avoir aucun doute sur ce point.
« Il montra ensuite de quelle manière Notre Sei-
« gneur avait préconisé les œuvres de charité et
« leur supériorité sur toutes les autres ; enfin
« combien était grande l'illusion qui tendait à
« faire quitter le plus parfait pour le moins parfait
« et l'incertain. Et prenant une à une les subtili-
« tés du tentateur, il les réduisit à néant, d'une
« manière si claire, si précise, que la pauvre sœur
« ayant suivi ce raisonnement avec la plus parfaite
« attention, fut spontanément toute changée ! Au
« sortir de l'instruction elle vint me trouver et
« d'un air radieux : — O ma mère ! me dit-elle, le
« saint missionnaire que je viens d'entendre a
« raconté sans le savoir toute mon histoire... Il
« m'a semblé qu'il lisait dans mon âme tout ce
« qui s'y est passé, pour répondre victorieusement
« à toutes les questions que je voulais poser. Pen-
« dant qu'il parlait j'étais éclairée, soulagée, con-
« vaincue ; je suis guérie ! Je n'ai pas besoin de
« faire la retraite, et si vous le permettez, je par-
« tirai demain pour retourner dans ma maison, et
« y reprendre avec bonheur tout mon travail.
« Désormais, je ne vous inquiéterai plus. — Néan-
« moins, pour m'assurer de la solidité de sa déter-
« mination, je voulus qu'elle fît la retraite ; elle
« la fit avec beaucoup de calme, persévéra dans

« ses bons sentiments, et retourna ensuite tran-
« quille et joyeuse dans sa maison. »

Le bien qu'il avait commencé en chaire,
M. Oudiette l'achevait au tribunal de la Pénitence.
C'est là surtout qu'il se montra tout entier ; c'est
là aussi qu'il serait instructif de l'étudier. Sa
direction, basée sur les principes les plus solides,
était surtout forte, énergique, positive et toujours
pratique ; elle gardait l'empreinte de son propre
caractère si droit, si loyal et si ferme, mais en
même temps adouci par la charité, réglé par la
prudence. A qui lui donnait sa confiance, il donnait un dévouement généreux. La sensibilité la
plus exquise s'alliait chez lui à un courage viril ;
jamais âme affligée ne réclama en vain son secours ;
jamais sa bonté ni son cœur ne furent trouvés en
défaut. Son tact, son adresse et sa discrétion
furent journellement appréciés de ce grand nombre d'âmes qu'il dirigea dans le rude sentier de la
vertu. Il menait chacun dans sa propre voie, n'igno-
rant point que tous ne vont pas à Dieu par le
même chemin. Sa grande et constante préoccupation était d'étudier chaque âme, de comprendre sa
voie et les desseins de Dieu sur elle.

Cette indispensable connaissance une fois
acquise, il poussait énergiquement en avant ; et
son ardeur ne fatigua jamais que les âmes d'une
bonne volonté douteuse. Car il fallait avoir l'élan
d'un généreux bon vouloir pour accepter cette
forte direction, cette guerre sans trêve ni merci.

Sous sa main on devait être toujours prêt au sacrifice, et il ne comprit jamais la lâcheté qui recule devant un appel de Dieu. Mais aussi quels progrès et quels résultats, lorsqu'il rencontrait une âme bien trempée ! Pour ce genre de ministère il avait reçu du ciel des aptitudes merveilleuses ; perspicacité, rectitude de jugement, fermeté de caractère, bon sens pratique, dévouement à toute épreuve, rien ne lui manquait.

Pour les âmes généreuses chez lesquelles il rencontrait une volonté intrépide, il se montrait difficile, sévère ; il exigeait qu'elles donnassent à Dieu tout ce que leur nature et les grâces reçues permettaient de demander. Quant aux âmes faibles et chancelantes, il adoucissait pour elles son énergie habituelle, et sans jamais transiger avec le devoir, il savait en aplanir les difficultés. Ses exhortations étaient toujours vives, pressantes, remplies d'un ardent sentiment d'amour pour Notre-Seigneur.

« Il faut arriver à l'union avec Dieu, disait-il « un jour ; et comment y arriverez-vous ? par « l'immolation, en vous immolant à Jésus-Christ, « lui sacrifiant tout ce qu'il vous demandera, sans « jamais jeter un regard en arrière. Un seul « mot vous trace votre conduite : Dieu va droit ; « il donne tout, il veut tout recevoir. »

« Dans les tentations de découragement, disait- « il dans une autre circonstance, hâtez-vous de « faire un acte de la vertu contraire : Mon Dieu,

« j'espère en vous ! Mon Dieu, je vous demande
« pardon pour ceux qui désespèrent ! »

A une âme dans laquelle il sentait vibrer la corde
de l'amour-propre : « Vous n'êtes rien, lui répé-
« tait-il, rien qu'un petit outil conduit par Notre
« Seigneur ! Et un outil peut-il se révolter contre
« la main qui le conduit ? Non, sans doute ; il est
« vrai qu'il n'est pas libre et que vous l'êtes ; mais
« ayez confiance, Notre Seigneur vous aidera.

« Remerciez le Seigneur de mettre des croix sur
« votre route, disait-il à une pauvre sœur très-
« cruellement et très-longuement éprouvée, et à
« chaque nouvel assaut, dites : Merci, mon Dieu !
« merci pour ces clous, merci pour cette scie,
« merci pour ce scalpel qui me déchire le cœur ! Je
« veux bien souffrir puisque je veux vous aimer ! »

Et à cette même âme, un samedi saint : « L'es-
« prit de la résurrection est un esprit de joie ;
« réjouissez-vous donc ! Mais de quoi vous réjouir ?
« de tout ce que Notre Seigneur vous donne à
« souffrir ! Je souffre et je me réjouis ! Je me
« réjouis de cette peine, de cette humiliation, de
« cette douleur ! Je me réjouis en Jésus ressuscité
« et je lui offre chaque épine qui blesse mon pau-
« vre cœur, afin qu'il ressuscite les membres
« desséchés de son corps mystique ! »

Les citations ne sauraient être trop nombreuses;
elles montrent mieux que tout raisonnement ce
qu'avait de sérieux et de solide cette forte direction.

Une chose frappante en M. Oudiette, vu son caractère, c'était sa patience au confessionnal ; il était parvenu à dompter complètement sa vivacité naturelle. Il n'existait pour lui dans tout l'univers, que l'âme dont il s'occupait alors ; toute autre affaire disparaissant, il lui donnait tout son temps, tout son cœur, sans jamais paraître pressé. Cependant, il faut en convenir, M. Oudiette avait parfois une manière vive et ronde qui intimidait quelques âmes dès le premier abord ; c'était parfois un calcul, plus souvent un oubli de la nature ; dans ce cas, il se le reprochait à lui-même avec humilité et le réparait de son mieux dès qu'on le lui faisait apercevoir.

Son zèle ne se lassait jamais ; comme le bon Pasteur, il courait après les brebis égarées, et doucement, suavement les ramenait au bercail. Quelques lignes écrites de sa main et trouvées dans ses papiers nous révèlent le moyen dont il se servait pour arracher les âmes au démon et les ramener au bien : « Secret pour convertir une âme ; se jeter à genoux et faire à Dieu le sacrifice de sa vie !... »

Les mots *douceur* et *suavité* semblent mal convenir à cette âme si fortement trempée ; par nature il eût peu compris des faiblesses qu'il n'avait jamais éprouvées ; mais la grâce savait adoucir ce qui en lui était trop accentué, et, comme l'Apôtre, il savait se proportionner à toutes les âmes et se faire tout à tous ; ce fut même son grand talent, et c'est ce qui explique la diversité des opinions formulées

8

sur son compte. Les uns le trouvaient doux, bienveillant, plein de compassion ; d'autres étaient
surtout frappés par sa vigueur et son énergie. Il
était tout cela, en effet ; mais pour chacun il était
ce qu'il fallait être. Pour le plus grand nombre il
fut réellement, comme il le disait lui-même en riant,
le Père marteau... Ce titre, il le justifiait pleinement, et quelques âmes demeurèrent longtemps à
s'habituer à son genre ; sa sévérité épouvantait
peut-être moins que l'ironie avec laquelle il écra-
sait l'orgueil. Aussi combien d'âmes béniront éter-
nellement Dieu de les avoir placées sous cette rude
direction et qui pourtant n'y demeurèrent que
contraintes par l'obéissance !

Pour achever de caractériser son genre et sa
direction, nous allons rapporter quelques-unes des
paroles qu'il avait habituellement sur les lèvres au
saint Tribunal, qu'il enfonçait vivement dans les
âmes, et qu'on emportait comme une flèche dans
la blessure.

« Contentons Dieu et contentons-nous de Lui. —
Que celui qui vous suffira dans l'éternité vous
suffise dans le temps. — Oh ! qu'il est bon de
s'immoler pour Dieu ! Le vrai plaisir de la terre,
c'est l'immolation ! — Pour bien mourir une fois,
il faut chaque jour mourir à soi-même. — La béati-
tude des larmes a plus de prix aux yeux de Dieu
que les plus brillants succès. — Il faut recevoir
les contrariétés comme un coup de mort, ou plutôt
comme un coup de grâce. — Un instant perdu, une

goutte de sang divin versée inutilement. — Pour mériter d'être consacré, il faut être hostie... »

Le bien qu'il faisait en chaire et au confessionnal, M. Oudiette, malgré ses absorbantes occupations, trouvait moyen de le maintenir par sa correspondance. Il a écrit une multitude de lettres de direction ; car écrire pour écrire et sans nécessité ou utilité réelle, il n'en avait souci et laissait à d'autres de telles futilités. Mais quand le bien des âmes l'exigeait, même après une écrasante journée de fatigue, en guise de délassement il prenait la plume, et en quelques mots rapidement tracés et toujours lumineux il répondait aux nombreuses lettres qui lui arrivaient de toutes parts. Car les pauvres âmes que Dieu lui avait une fois confiées, il ne les perdait plus de vue ; de loin comme de près, elles restaient l'objet de sa plus vive sollicitude, et au moment nécessaire, dans le péril, dans l'épreuve, dans l'anxiété, on était sûr de le trouver là.

Sa correspondance a le même cachet que sa direction au confessionnal ; on y sent son cœur dévoué et surtout l'énergie de cette main si ferme. En écrivant, il prêche encore, il *moralise*, il exhorte, il reprend, il encourage, il gronde et tonne parfois, et jamais de banalités ou de ces inutiles et vulgaires lieux communs au service de tous les diseurs de riens.

On nous pardonnera de reproduire ici quelques-unes de ces lettres qui ont fait tant de bien aux

âmes pour qui elles furent écrites, et dont on
pourra peut-être tirer encore quelque profit.

A une âme affligée et qui semblait trouver bien
lourd le fardeau de la croix : « Enfin ! Dieu me
« donne le temps de compter les lettres auxquelles
« je dois répondre : huit, nombre égal à celui des
« béatitudes de la terre. Joignez-y la pieuse image
« que je conserverai ; alors vous saurez quelles
« furent mes meilleures étrennes. Mais soup-
« çonnez-vous pourquoi je les préfère à toutes les
« autres ? Lisez les seize premiers versets du cha-
« pitre V de saint Matthieu ; ils vous diront mon
« secret. Oui, à moins d'illusion paternelle, je vous
« crois en possession des béatitudes qui préparent
« celles de l'éternité. Voilà pourquoi je surabonde
« de joie en relisant les pages qui peignent si
« bien vos épreuves. Elles confirment cette vérité,
« ancienne comme son principe, que Dieu est
« admirable dans ses saints et que tout est bon
« pour ceux qui l'aiment. J'y trouve une démons-
« tration évidente de l'infinie miséricorde sur vous
« et sur beaucoup d'âmes. Quelle sagesse aussi
« dans l'emploi des moyens pour vous faire
« atteindre la fin principale des Filles de la Charité!
« Votre *jeune* expérience sera bientôt couronnée
« de cheveux blancs pour peu que la Providence
« lui continue ses leçons à N... Mieux encore, vous
« fournirez rapidement une longue carrière, pleine
« de mérites, et vous arriverez au Céleste-Empire
« de la Chine ou du Paradis, comme les primeurs

« de serre chaude. Alors vous bénirez le Soleil de
« justice qui darde ses rayons sur tous les cal-
« vaires d'ici-bas et mûrit les fruits soumis à son
« influence.

« Soyez-lui de plus en plus fidèle et que la pratique
« du saint abandon détache votre barquette de tout
« rivage qui ne serait pas le bon plaisir de Dieu.
« Sa grâce perfectionnera cette disposition déjà
« développée dans votre cœur ; j'en ai pour garants
« les faits accomplis pendant ces dernières années.
« Ils sont, à mes yeux, les témoignages de l'amour
« du Sauveur qui daigne vous associer à sa vie
« d'immolation. Or, il est fidèle, cet adorable époux,
« et ne laisse pas un miracle inachevé. Achevez,
« Seigneur, achevez ! Exaucez mes vœux et ren-
« dez ma fille aussi digne de vous que je suis
« indigne des tressaillements de bonheur causés
« par la pensée de vos desseins sur elle. »

A une jeune sœur qu'il avait dirigée pendant
son séminaire et qui, au moment de prononcer ses
premiers vœux, lui avait écrit pour se recomman-
der à ses prières : « Après avoir lu votre lettre
« j'eus la pensée de vous envoyer, pour toute
« réponse, une petite image qui vous exprimât
« mes souhaits à l'approche du beau jour où vous
« ferez les saints vœux. Plusieurs sœurs, en pareil
« cas, n'ont pas reçu d'autre gage de la part que
« je prends à leur bonheur. Elles n'en comprirent
« pas moins, j'aime à le croire, qu'une telle image
« était un souvenir plus utile que mes paroles.

« Mais un motif me porte à faire exception en votre
« faveur : vous faites valoir un titre qui me touche,
« le titre de *pauvre fille*, seule décoration décernée
« aux séminaristes qui m'appelaient leur père.
« *Tel père, telle fille.* Cette disposition de votre
« âme m'édifie d'autant plus que je vous crois
« sincère ; et je pense qu'à défaut d'autre mérite
« pour vous présenter à Notre Seigneur, la con-
« viction de votre pauvreté spirituelle encoura-
« gera votre confiance et provoquera les effusions
« de la libéralité divine. Saint Vincent n'a-t-il
« pas enseigné que Dieu entre en nous selon la
« mesure que lui fait notre humilité ? Doctrine
« conforme à ce principe de foi que Dieu donne sa
« grâce aux humbles et résiste aux superbes.
« Loin donc de redouter le jour de votre consécra-
« tion, continuez, ma chère sœur, de le désirer,
« précisément parce que votre pauvreté a besoin
« de l'unique trésor qui la puisse enrichir. A
« quoi vous serviraient sans lui toutes les richesses
« de la terre ? Quel époux, quel maître préférable
« au plus beau des enfants des hommes, au roi
« des rois, à celui qui s'est fait pauvre pour évan-
« géliser les pauvres et se donner comme aumône
« à l'humanité tombée dans la plus profonde
« misère ? Si le démon, jaloux de votre bonheur,
« essaie de l'empêcher en jetant le trouble ou
« l'hésitation dans votre âme, rappelez-vous qu'il
« est le père du mensonge, et repoussez-le comme
« Eve aurait dû le faire dans le paradis terrestre

« et comme l'a fait Jésus dans le désert. Mais il
« ne suffit pas de choisir la meilleure part, il faut
« encore qu'elle ne vous soit point enlevée. Vaincu
« avant le beau jour de votre consécration, Satan
« voudra venger sa défaite en vous éloignant de
« la source et du modèle de toute charité. Pauvre
« fille ! comment triompher et mériter la couronne
« de persévérance ? En faisant votre devise de ces
« mots : *Pauvre fille !* Oui, ma chère sœur, ils
« seront pour vous des instruments de victoires
« aussi nombreuses que les attaques, car ils vous
« rendront défiante de vous-même, vous éloigne-
« ront des occasions dangereuses, multiplieront
« vos prières et vos actes de générosité, fixeront
« sans cesse vos yeux et votre cœur sur le Trésor,
« sur cet Epoux, sur ce Roi, sans lequel vous
« deviendriez non-seulement pauvre de la pire
« espèce, mais esclave de l'ange déchu. Puissiez-
« vous, imitant l'humilité, la charité et la simpli-
« cité des bons anges, ne cesser de vous croire
« *pauvre fille* qu'au Ciel ! Obtenez-moi la grâce
« d'y voir mes vœux réalisés en partageant votre
« bonheur. »

A une sœur qui lui avait demandé des moyens
propres à lui faire supporter ses épreuves :
« Votre lettre du 9 janvier m'avait causé plus
« d'une surprise... Mais ce qui ne m'étonne nulle-
« ment, c'est la sollicitude de notre Père céleste,
« toujours appliqué à multiplier vos mérites en
« multipliant vos épreuves. Celles dont vous me

« parlez affectent douloureusement le cœur, mais
« aussi le purifient et le disposent à mieux renou-
« veler ses vœux. Sans elles, je ne sais trop quelle
« conformité vous auriez avec les épouses de Jésus
« crucifié. Pour une vieille guerrière comme vous,
« tout est joie sur le champ de bataille de la cha-
« rité : joie du dévouement, joie causée par la
« conversion des uns et la mort édifiante des
« autres, joie dans vos relations avec les diverses
« autorités, etc. A de si belles fleurs et à leur par-
« fum si doux, il fallait joindre quelques épines ;
« c'est le diadème du Sauveur des âmes ! Ne doit-
« il pas être aussi le vôtre ? Mais pour le porter
« noblement et en faire un saint usage, vous dési-
« rez connaître les meilleurs moyens ; voici ceux
« que le ciel me fournit :

1º Soyez toujours en paix avec Dieu et avec
« vous-même ; il suffit pour cela d'observer
« exactement toutes vos règles.

« 2º Dédaignez les intérêts de l'amour-propre
« en renonçant à ses satisfactions, à son repos, à
« ses inclinations les plus chères.

« 3º N'ayez jamais, autant que possible, un
« abord soucieux, une physionomie sombre et
« inquiète, mais conservez sur vos traits une séré-
« nité constante.

« 4º Désarmez toutes les préventions par les
« charmes d'une humeur prévenante, et parez
« votre visage de l'air de satisfaction que donne
« la vertu.

« 5° Ne contrariez qui que ce soit quand vous
« pouvez céder sans que la conscience murmure.

« 6° Oubliez-vous pour penser aux autres, pour
« leur faire passer des moments agréables, procu-
« rant avec une attention délicate les moyens de
« satisfaire des goûts innocents.

« 7° Multipliez les sacrifices pour vous accommo-
« der à la diversité des caractères, pour cacher ce
« que leurs intempérances ont de pénible.

« 8° Composez vos regards, vos gestes et vos
« manières sur les dispositions actuelles de la
« personne qui vous parle ; pleurant avec l'affligé,
« pour adoucir l'amertume de ses maux ; vous
« réjouissant avec ceux qui prospèrent, pour
« accroître le sentiment de leur joie ; portant sur vos
« lèvres comme dans votre cœur l'expression d'un
« amour universel pour vos semblables. Cet amour
« universel a un nom divin, charité ! Il découle
« d'une source divine, le cœur de Jésus ! Cette
« source vous est ouverte, approchez-en votre
« cœur, et bientôt il surabondera de joie au milieu
« des tribulations. Alors vous vous écrierez avec
« le Psalmiste : Seigneur, vous avez bien fait en
« m'humiliant ! A tout âge, ce contre-poison est
« nécessaire pour neutraliser les effets de notre
« plus dangereuse maladie. Avouez-le, il est sur-
« tout indispensable pour triompher d'une fièvre
« alimentée par de longs succès. Vos souvenirs
« de Crimée, d'Italie et de Paris, me dispensent
« d'expliquer ma pensée. Je préfère unir mes

« prières aux vôtres afin de rendre grâces pour
« les épreuves nouvelles et attirer d'abondantes
« bénédictions sur les instruments de la Provi-
« dence. Nulle autre vengeance n'a été enseignée
« sur le Calvaire ; nulle autre donc ne doit être
« employée par nous...

« Unissons nos fatigues et nos souffrances à
« celles de Jésus et de Marie en faveur des pauvres
« âmes qui ont besoin d'expiation. Semons dans
« les larmes, nous moissonnerons dans les joies
« de l'éternité ! fiat ! fiat ! »

CHAPITRE VI.

SES DERNIERS TRAVAUX — SA MALADIE — SA MORT.

Nous allons reprendre notre récit un moment interrompu et suivre notre infatigable ouvrier dans ses derniers travaux et jusqu'à la fin de sa laborieuse journée. Si cette fin fut prématurée, si l'ouvrier fut arrêté brusquement alors qu'il promettait encore de longues heures d'un labeur fructueux, si la journée enfin ne fut pas aussi longue qu'on l'eût souhaité pour la gloire de Dieu et pour le bien des âmes ; nous allons le voir, cette journée n'en fut pas moins vraiment pleine, l'ouvrier intrépide jusqu'au bout, et la fin digne de toute la vie.

Revenu de son long séjour en Italie et rentré à Paris dans les commencements de juillet 1871, M. Oudiette y reprit son ministère avec plus d'ardeur que jamais. On eût dit qu'il tenait à rendre à la France cette année passée en Italie et perdue pour elle. On sortait à peine des horreurs de la guerre et des horreurs plus désolantes encore de la Commune. Bien des maisons de sœurs avaient souffert, surtout à Paris ; et durant ces tristes temps, force avait été d'interrompre et de suspendre les conférences, les retraites... Dès les premiers jours de calme, tout fut repris et M. Oudiette était réclamé de tous côtés. Il se mit donc ardemment à l'œuvre et, comme par un secret pressentiment de sa mort prochaine, il trouva le moyen de se multiplier. Durant les six derniers mois de cette année et pendant toute l'année 1872, il se livra au travail avec une activité fiévreuse ; à Paris, en province, à Naples même et à Rome, on le voit se montrer partout rapidement, dévorant l'espace, prodiguant ses forces, ne prenant ni un seul jour de repos ni même un instant de répit...

Cependant, comme l'année 1872 touchait à sa fin, après deux retraites prêchées à Montpellier, nous le voyons rentrer à Paris excédé de fatigue, et pour se délasser, commencer pour son propre compte les exercices de la retraite annuelle qu'il n'avait pu encore faire. C'était la dernière qu'il dût suivre ici-bas avant la grande retraite de l'éternité. Et Dieu, semble-t-il, devait bien cette grâce à son fidèle serviteur, afin que l'une fut comme la préparation et le prélude de l'autre. Quelques lignes d'une lettre qu'il écrivait à la fin de ces exercices spirituels vont nous montrer dans quels sentiments il les fit.

« ... La charité ne pense pas mal ; serait-ce mal
« penser que de vous soupçonner capable d'avoir
« prié et fait prier pour m'obtenir de sentir mieux
« que jamais ma misère ? Soyez satisfaite, vos
« vœux sont exaucés ; puissent les miens l'être
« également ! Vous n'aurez plus dès lors à désirer
« que le Ciel !... Figurez-vous un concert d'abîmes

« de misères appelant les abîmes de l'infinie misé-
« ricorde, et vous aurez l'idée de ma retraite. Au
« concert succéda fréquemment le sommeil, en
« union avec le bœuf et l'âne que la tradition nous
« représente près du divin Enfant (1). Combien de
« de fois ai-je mérité, plus que les Apôtres à Geth-
« sémani, d'entendre ce reproche : Tu n'as pu
« veiller une heure avec moi !... et pourtant, pour
« travailler à ma conversion, j'avais à étudier le
« plus beau des modèles, le Verbe fait chair ! »

Cependant les fêtes de Noël ainsi passées, une
nouvelle année commençait ; retrempé par la solitude et la retraite, M. Oudiette n'aspirait qu'à continuer le cours de ses travaux. Il eût dû pourtant
songer un peu à sa santé et se donner quelques
soins bien nécessaires. Ce sommeil si obstiné dont
il vient de se plaindre et qui l'obsédait pendant sa
retraite, ne lui était pas ordinaire, et il indiquait une
excessive fatigue. Le labeur incessant et pénible
auquel il se livrait depuis son retour de Pologne
avait sourdement compromis sa santé ; lui seul ne
s'en doutait pas, et pourtant une toux sèche et
persistante aurait dû lui inspirer quelques inquiétudes, et on commençait à s'en alarmer autour de
lui. Mais il devait aller jusqu'au bout sans se ménager et mourir les armes à la main ! Le vaillant
soldat méritait bien cet honneur et Dieu allait le
lui accorder !

(1) C'était pendant les fêtes de Noël.

Dans les premiers jours de janvier il alla confesser dans une maison de sœurs et resta toute la journée au confessionnal dans une chapelle extrêmement froide et humide. En rentrant, le soir, il se sentit un petit embarras de poitrine : comme d'habitude, il n'y fit guère attention. Le lendemain, dimanche, il partit pour Versailles où il devait prêcher une retraite. De la rue de Sèvres à la gare Montparnasse où il se rendait à pied, la pluie le surprit à moitié chemin, et il entra en wagon tout trempé. En route, comme quelques voyageurs se trouvaient incommodés par l'odeur du tabac, on ouvrit les fenêtres du compartiment où il avait pris place, et il se trouva exposé à un courant d'air qui lui fut encore plus funeste. Dès son arrivée à l'hospice de Versailles il avait presque entièrement perdu la voix. On l'invita à remettre son pénible travail ; mais, peu habitué à se soigner, il refusa tout délai et commença la retraite le soir même. Malgré son énergie, il dut enfin s'arrêter le cinquième jour, et dès le soir il revenait à Saint-Lazare avec une violente fièvre.

Dès qu'il le vit entrer pâle, essoufflé et se traînant péniblement, le bon frère Génin, tout attendri, s'approche avec empressement et le félicite du parti qu'il vient enfin de prendre. — Vous avez bien fait d'interrompre votre retraite, lui dit-il ; en vous soignant sans retard, vous arrêterez la maladie et vous en serez quitte plus vite. — Bah ! répond M. Oudiette d'un air de doute et hochant la tête...

Puis, reprenant après une pause, et d'un ton grave : — Eh bien! soit!... mais vous allez me promettre de m'avertir aussitôt que vous me saurez en danger... Je vous le demande et je vous en charge... me le promettez-vous ? — Et comme le frère faisait la promesse demandée, comptant bien n'avoir pas à la tenir de sitôt, car il ne croyait qu'à une simple indisposition, M. Oudiette fixe sur lui un long et profond regard comme pour s'assurer de la sincérité de cette promesse, et rompant enfin ce silence scrutateur : — Eh bien ! j'accepte votre parole, mon frère, et j'y compte, n'y manquez pas au moins! — et comme pour enchaîner le frère et s'assurer de sa fidélité : — Ecoutez ! ajoute-t-il, je puis disposer d'une somme de deux ou trois cents francs pour de bonnes œuvres ; je vous la promets, je vous la donnerai pour votre œuvre des Missions étrangères, si vous me rendez ce service... J'aurai même quelques autres commissions à vous donner en ce moment-là !... Mon frère, c'est donc entendu ! — et il le quitte pour monter à sa chambre. Le frère resta tout étonné de cet air et de ce ton, bien convaincu que M. Oudiette, contre son habitude, s'alarmait sans motif.

Cependant on fait coucher le malade, on l'entoure de soins, et on lui donne les remèdes qui ont été prescrits. Personne n'était alarmé sur son compte, car nul autour de lui ne se doutait encore de la gravité de la maladie. Le médecin venait tous les jours, faisait régulièrement sa visite, et l'infirmier faisait exécuter ponctuellement ses ordonnances... mais l'état du malade était toujours le même. Les jours s'écoulaient, les semaines se succédaient, près d'un mois s'était passé, et le mal ne s'améliorait pas, sans qu'il parût pourtant s'aggraver.

Réduit à l'impuissance, cloué sur son lit, fatigué par la toux, ennuyé par l'incertitude même et la longueur de la maladie, M. Oudiette souffrait, mais il ne disait mot et ne se plaignait point. Sa patience ne se démentit pas un instant.

« Pendant sa maladie, nous rapporte le frère in-
« firmier, M. Oudiette m'édifia beaucoup, surtout
« par son obéissance aux ordres du médecin. Je
« lui présentais tantôt une potion, tantôt une
« autre ; puis c'était un peu de bouillon : — Mon
« frère, je n'ai besoin de rien — c'était son mot
« habituel, et quelquefois : — Je vous remercie,
« je n'en veux pas ! — Alors il me suffisait de lui
« dire : — M. Oudiette, le médecin l'a prescrit !
« — de suite il répondait : — C'est bien ! donnez
« mon frère, il faut obéir au médecin, la règle le
« veut ainsi !

Cependant, après plus de trois semaines de traiment et de soins, le médecin, inquiet de ne pas voir d'amélioration sensible, se décide à examiner plus à fond son malade. Quel n'est pas son étonnement ! il reconnaît et constate la présence simultanée de deux graves maladies bien caractérisées, se donnant la main et se compliquant l'une l'autre :

une fluxion de poitrine et une fièvre typhoïde. Le cas devenait fort grave et la cure des plus difficiles, les remèdes exigés par l'une de ces maladies devant infailliblement augmenter et précipiter l'autre. Evidemment M. Oudiette était en danger !...

Cette triste nouvelle fut vite connue, non-seulement dans la maison-mère, mais encore à la communauté des Filles de la Charité, d'où elle se répandit, comme une traînée de poudre, dans leurs diverses maisons de Paris et de la province. M. Oudiette était si connu et si estimé que partout l'alarme fut vive ; aussitôt, de tous ces cœurs si dévoués jaillirent des prières et des supplications vers le ciel : neuvaines, promesses, mortifications, rien ne fut oublié pour faire violence à Dieu et obtenir la guérison du zélé missionnaire... Et durant tous ces tristes jours, le parloir fut encombré de sœurs venant anxieusement prendre des nouvelles du malade, et courant de là à la chapelle déposer leurs vœux et leurs craintes auprès des restes de saint Vincent.

« Ayant appris des premiers la douloureuse « nouvelle, nous raconte le frère Génin, je ne fus « pas des moins peinés ; mais surtout je me sentis « fort embarrassé en songeant à la promesse « solennelle que j'avais faite quelques jours aupa- « ravant... Quels moyens vais-je prendre pour la « tenir, me disais-je à moi-même tout anxieux ? « Comment faire, moi, pauvre frère coadjuteur, « pour annoncer à un prêtre qu'il va mourir !...

9

« C'est un prophète que Dieu choisit autrefois
« pour remplir une aussi délicate mission auprès
« du saint roi Ezéchias ! Et aujourd'hui c'est donc
« moi qui devrai dire ces terribles paroles d'Isaïe :
« Mettez ordre à vos affaires, car vous allez
« mourir !... »

Dans son embarras, le bon frère va trouver
M. l'Assistant de la maison ; il lui fait part de son
anxiété et le prie de vouloir bien se charger lui-
même de cette délicate mission ou de la faire remplir par un de ses confrères. « Ayant donné votre
parole, lui fut-il répondu, il convient que vous la
teniez. Seulement, soyez prudent et mesurez vos
paroles afin de ne pas effrayer le pauvre malade.
Dans ce but, passez d'abord à la chapelle et demandez au Saint-Esprit de vouloir bien parler par
votre bouche. Allez, mon frère, et allez en toute
confiance ! »

Sur cette parole, et après avoir prié Dieu de tout
son cœur, le frère Génin entre dans la chambre
du malade, et, s'approchant de son lit, lui demande
de ses nouvelles : —Je souffre beaucoup, lui répond
M. Oudiette ; mais j'en suis bien aise, ajoute-t-il
aussitôt ; car jusqu'ici ce misérable corps n'a presque pas enduré de peine, et Dieu sait s'il en a
besoin !... — Vous avez donc eu ce matin la
visite de deux médecins, vous en souvient-il ?...
Que vous ont-ils dit ? — Ils m'ont dit que cela
va demander du temps, et que je prenne courage!..
Mais, dites-moi donc, mon frère, pourquoi deux

médecins aujourd'hui ? Est-ce que notre docteur aurait trouvé mon état plus grave ? — Et sur la réponse affirmative du frère : — C'est bien étrange, reprend-il ! Je ne trouve pas que je souffre comme on doit souffrir quand on est gravement malade !... Et qu'est-ce que j'ai ? Une fluxion de poitrine ?... — Oui, et une fièvre typhoïde en plus, disent les médecins. — Oh! alors, cela ne me surprend plus, car il y a complication...Et qu'ont dit ces Messieurs ? Espèrent-ils me tirer de là ?... — La question était brûlante et le pauvre frère très-embarrassé. Cependant prenant courage : — Vous savez, répond-il, il y a dans la nature des énergies et des ressources cachées dont les médecins ne se rendent pas toujours compte !... Et puis, nous chrétiens, nous surtout enfants de saint Vincent, nous en avons une bien plus puissante encore, la prière ; vous en connaissez toute la vertu ; en ce moment tous vos confrères, nos frères, ainsi que les Filles de la Charité s'unissent de cœur pour demander à Dieu votre guérison !...

Pendant que le frère parlait ainsi, le malade insensiblement avait fermé les yeux et un air de profond recueillement s'était répandu sur ses traits amaigris... Comprenant qu'il offre à Dieu le sacrifice de sa vie, le frère s'arrête, en proie à un respectueux saisissement, et un silence solennel règne durant quelques minutes... Que se passait-il entre Dieu et cette âme ?... Il est aisé de le conjecturer.

Cependant, reprenant courage et faisant un dernier effort, avec toute la prudence et les précautions dont il est capable, le frère Génin achève sa pénible mission, et, les larmes aux yeux, il annonce à M. Oudiette qu'il vient, selon la promesse qu'il lui en a faite, l'avertir de se préparer... regrettant bien de lui faire cette peine !...

A ces mots, revenant comme d'une extase, le malade ouvre les yeux et les fixant doucement sur le frère comme pour le remercier et le consoler en même temps : — Non, mon frère, oh ! non ! la nouvelle que vous m'annoncez ne me fait pas de peine ! C'est bien le contraire !... puisque la mort en me délivrant des liens du corps va me mettre en possession de mon Dieu !... de ce Dieu que j'ai cherché tous les jours de ma vie, que j'ai tâché de servir le moins mal possible !... Quel bonheur d'être bientôt avec Notre Seigneur, avec la sainte Vierge, saint Joseph, saint Vincent et tous les bienheureux !... Oh ! la bonne nouvelle, mon frère ! *Lœlatus sum in his quœ dicta sunt mihi, in domum Domini ibimus !* — Et il referme les yeux, comme pour goûter à son aise la joie qui inonde son cœur !...

Cependant le mal ne tarda pas à empirer d'une manière sensible ; la tête commençait à se prendre et le délire se montrait par moments. Dès le lendemain, on administrait au malade les derniers sacrements qu'il reçut avec un grand esprit de foi... Comme l'Assistant de la maison lui suggérait l'idée de renouveler ses saints vœux, selon le conseil de nos règles : — Oh ! de grand cœur ! — s'écriat-il en reprenant toute son énergie, et il commence la formule. Comme soudain un mot lui échappe... — C'est bien étonnant, dit-il, car j'ai l'habitude de la réciter tous les jours après la sainte messe... — et il achève sans broncher.

Quelques heures après la cérémonie, le frère Génin s'étant présenté : — Mon frère, lui dit le malade avec toute sa connaissance, c'est singulier ! On croit que je suis gravement malade, et d'où vient donc que je ne souffre pas comme on doit souffrir pour mourir ?... — Nous l'avons remarqué, pour cette âme énergique et habituée à la douleur, une souffrance ordinaire n'était rien ; or, celles qu'il endurait alors devaient être trèsvives, à en juger par la contraction de ses traits ; et il en demande de plus fortes ! — Est-ce que je ne souffrirai pas davantage ?... Oh ! je le voudrais bien ! que le bon Dieu m'en fasse la grâce ! J'en ai tant besoin !...

Cette demande d'un nouveau genre, Dieu va l'accorder à son vaillant soldat. Ce corps qui a déjà tant souffert, qui n'a jamais été ménagé, épargné, qui a été au contraire toujours surmené, traité en bête de somme, ce pauvre corps va être criblé par la douleur comme le froment sur l'aire !... Et aux tortures des membres viendront pour comble s'ajouter les tortures de l'âme, bien plus poignantes ! L'Esprit des ténèbres, lui aussi, se présen-

tera à ce chevet et voudra une dernière fois se
mesurer avec le soldat de Dieu qui expire !... « La
vie n'est qu'un combat, » a dit Job. Cette parole
se réalisera jusqu'à la fin pour M. Oudiette, et il
luttera vigoureusement, énergiquement jusqu'à
son dernier soupir !... A d'autres la mort douce,
sans secousse et comme sans effort, précédée, pour
ainsi dire, des consolations célestes ! Mais à ce
rude lutteur qui, lui aussi, a dû bien dire : Ou
souffrir ou mourir ! Dieu, semble-t-il, devait la
mort laborieuse, la mort méritante, une mort semblable à toute sa vie !

L'agonie allait commencer, mêlée de délire et de
moments lucides, mais toujours dure, pleine d'angoisses, haletante, et elle devait durer ainsi plus
de trente heures. A certains moments, les traits du
moribond se contractaient, trahissant une horrible
souffrance ; ses membres craquaient sous l'étreinte
du mal, communiquant au lit et à la chambre même
comme un subit tressaillement ! — Oh ! quel terrible
combat ! s'écriait à un moment M. l'Assistant
attendri. Voyez donc, mon frère, quelles atroces
souffrances ! — Cela ne m'étonne pas, répondait
le frère Génin, il les a demandées à Dieu afin de se
rendre plus semblable à Notre-Seigneur crucifié !

« Une fois, raconte un confrère qui l'a assisté
« jusqu'à son dernier soupir, une fois ses regards
« se fixèrent soudain, comme en face d'une appa-
« rition ; mais elle devait être horrible, car sa
« figure se contracta fortement et son agitation

« devint très-vive, ses yeux suivaient le fantôme,
« et ses bras faisaient des efforts pour le repousser !
« Je lui présentai la croix, il s'empressa de l'em-
« brasser avec ardeur. — Ne craignez pas ! mon
« cher confrère, lui dis-je ; si ce que vous
« voyez est le démon, il n'a aucun pouvoir sur
« vous ! D'ailleurs, l'Immaculée Marie vous pro-
« tége ! Dites avec moi : O Marie, conçue sans
« péché, priez pour moi ! — Et aussitôt se tournant
« de mon côté il me fixa avec un visage rasséréné.
« Je lui pris affectueusement la main, et je sentis
« qu'il me remerciait. »

Après ces moments lucides, le mal reprenait son
empire et le délire recommençait. Tous les assis-
tants le remarquaient et en étaient édifiés ; dans
ce délire, sa tête ne poursuivait qu'une idée, son
ministère; il se croyait en chaire, au confessionnal,
il donnait des avis spirituels, prêchait la parole de
Dieu... Ecoutons encore le confrère que nous
venons d'entendre :

« La bouche, dit l'Evangile, parle de l'abondance
« du cœur, et il semble que cela doive surtout être
« vrai d'une personne en délire. Or, notre cher
« confrère pendant, sa longue et cruelle agonie,
« n'a jamais prononcé une parole qui se rapportât
« aux choses de la terre. Il était tout le temps oc-
« cupé du salut des âmes, et on eût dit qu'elles
« venaient en foule lui demander quelques derniers
« conseils !... En m'approchant de lui, et quelque-
« fois même d'assez loin, j'entendais clairement ce

« qu'il disait. Sa parole, tantôt douce et tendre,
« tantôt vive et pleine de feu, toujours d'une exac-
« titude rigoureuse, exhortait uniquement à aimer
« Dieu, rien que Dieu, et à marquer cet amour par
« un entier détachement des créatures. L'amour
« de Dieu remplissait donc son cœur ! *Ex abun-*
« *dantiâ cordis os loquitur !* »

Oh ! oui, l'amour de Dieu remplissait ce noble et
vaillant cœur, et c'est sous son unique impulsion
qu'il avait sans cesse battu ! Depuis la plus tendre
enfance, dès le séminaire, dans son ministère paroissial, pendant qu'il travaillait à former des
prêtres, surtout durant ce long et fructueux ministère consacré aux Filles de la Charité, toujours
l'amour de Dieu avait été son principe, son mobile,
son soutien, son arme, son but et sa fin ! Les
épreuves même et les tentations étaient venues de
là et avaient prouvé son amour pour Dieu ! L'amour
de Dieu, en un mot, c'est l'âme et l'explication de
cette vie entière ; il devait donc se montrer aussi à
la mort ; il était juste que, malgré les défaillances
inévitables de la nature en ce terrible instant,
l'amour de Dieu fût encore sur ses lèvres au moment où elles allaient se fermer et qu'il commu-
niquât son dernier tressaillement à ce cœur qui
allait cesser de battre !... De cet amour de Dieu
initial et comme voilé de la terre, le bon et fidèle
serviteur allait sans interruption passer à l'amour
final et sans voiles du Ciel ! Dieu semblait le lui
devoir et Dieu le voulut ainsi !...

Ce solennel passage eut lieu le 6 février 1873, à minuit et demi. M. Oudiette avait vécu 55·ans, 7 mois ; il en avait passé 21 dans la Congrégation.

La perte de ce vaillant missionnaire fut vivement sentie de tous ses confrères, mais surtout de son Supérieur général, M. Etienne. Il voulut faire lui-même l'absoute et présider à ses funérailles. Son émotion était si grande qu'il pouvait à peine prononcer les paroles liturgiques. Après la cérémonie, il déposa à la hâte les ornements et courut s'enfermer dans sa chambre afin de donner un libre cours à ses larmes, et dans la journée il disait à un de ses confrères : « Dans le cours de ma vie, j'ai fait de grandes pertes ; je ne me souviens pas d'en avoir eu aucune qui m'ait été aussi sensible !... »

Quant aux Filles de la Charité nous n'essaierons pas de dire leur désolation. Ce fut là pour elles un vrai deuil de famille, et il y eut des larmes dans tous les yeux. Tout le temps que les dépouilles mortelles restèrent exposées, ce fut par longues files qu'on les vit se succéder sans interruption ; il y vint des députations nombreuses de toutes leurs maisons de Paris et des environs, et à ses funérailles, on les compta par centaines, tristes, désolées, sentant la perte qu'elles venaient de faire, inconsolables mais heureuses encore de pouvoir rendre ainsi un hommage public et payer leur dette de reconnaissance à leur Apôtre, à leur Père !

Quatre ans se sont écoulés depuis, et sa mémoire

vit encore douce et bienfaisante pour tous les cœurs qui l'ont aimé. Puissent ces quelques pages, dictées par l'amitié et la reconnaissance, raviver encore ce précieux souvenir! Puissent-elles faire revivre son image aux yeux qui ne l'ont pas connu! Mais surtout puissent-elles contribuer à nous animer tous de son esprit, à nous enflammer de son zèle et à nous entraîner à sa suite dans l'acquisition de toutes ces vertus de notre vocation qu'il enseigna et pratiqua si bien lui-même! Ainsi sa voix désormais éteinte sera encore éloquente, et, comme de ce héraut de la foi dont parle saint Paul, on pourra dire de lui : *Defunctus adhuc loquitur, quoique mort il prêche encore* ! C'est, nous semble-t-il, son plus précieux éloge et aussi le vœu le plus cher de son cœur !

APPENDICE

EXTRAITS
de Conférences, Avis spirituels, Lettres
aux Filles de la Charité.

CONFÉRENCES [1]

SUR LES RÈGLES.

Faites ce qui est écrit dans la loi et vous vivrez.
Que cette parole bien comprise, bien méditée,
doit dissiper de nuages ! Voilà le vrai moyen de
manifester et votre amour pour Dieu et votre fidélité à vos engagements. Quel bonheur de connaître
ce qui est le plus agréable à la divine majesté, de
savoir à toute heure, à tout instant, ce que désire
de nous Celui auquel nous cherchons à plaire !
Pour cela il n'est pas nécessaire de traverser les
mers, ni de se consumer dans une sainte défail-
lance d'amour pour le bien-aimé ; non ! ce qu'il

---

(1) M. Oudiette n'ayant pas eu l'habitude d'écrire ses
conférences, nous n'avons eu d'autres guides, pour cette
reproduction, que des notes prises rapidement pendant
qu'il prêchait ; ces extraits ne donneront par conséquent
qu'une faible idée de sa prédication.

faut, ce qui est la vraie, la solide piété, si opposée
à la piété *romantique* de notre siècle, c'est de
faire en tout et à toute heure ce qui est écrit dans
votre loi, dans ce code divin qui vous regarde
spécialement et qu'on appelle vos règles.

Quelle reconnaissance ne devez-vous pas éprouver en voyant qu'on demande si peu de vous,
pourvu que vous le fassiez par amour ! Inutile
de chercher ailleurs ce qui peut satisfaire le
divin Maître, inutile de passer vos oraisons à
vous demander : que ferai-je, qu'écrirai-je, que
rêverai-je pour plaire à Dieu ? Piété rêveuse,
si commune aujourd'hui ! La réponse à tout se
trouve dans l'expression de la volonté de Dieu
qui vous est clairement manifestée par vos saintes
règles.

Ce que Dieu veut, ce n'est donc pas la piété à
illusion qui n'a d'autre règle que la volonté
propre, d'autre mobile que le bon plaisir de
chacun ; toutes ces piétés à la mode dans lesquelles beaucoup ont été élevées prouvent seulement que dans ce prétendu siècle de lumières,
rien ne manque autant que la vraie lumière,
cette lumière qui seule peut dissiper toutes vos
trompeuses illusions.

Donc, le vrai et le seul moyen pour vous d'arriver à la vie éternelle, c'est d'accomplir chaque
jour tous les points de vos saintes règles. —
Mais, dira peut-être une de ces jeunes âmes
enflammées et généreuses, nos règles, c'est si

peu de chose, et puis le style en est si simple !...
— Sans doute il est simple ; comme l'Evangile !
c'est en effet l'expression simple des pensées et
des volontés du Seigneur. Cherchez l'humain
dans ce livre admirable ! quelle plume eût pu
tracer une loi aussi parfaite, si elle n'eût été
inspirée ! Oh ! comme elle porte bien ces deux
cachets des œuvres divines, la force et la suavité !
Il faut bien reconnaître ici la sagesse de Dieu et
la force du Tout-Puissant. Vos fronts et vos
membres ne seront pas déchirés, il est vrai, par
les cilices et les disciplines ; mais n'avez-vous
pas besoin de la force d'en-haut, tous les matins,
quant au premier son de la cloche, au premier
appel, vous devez arracher violemment au repos
ces membres fatigués par les longues courses
et les durs travaux de la veille ? Ne vous faut-il
pas de l'énergie pour lutter continuellement
contre un sommeil envahisseur, pour garder un
silence parfait alors qu'on a tant de choses à dire ?
pour se rendre, sans faire de halte, dans le service où appelle la volonté divine, pour y lutter
souvent et contre l'ennui et contre les répugnances de la nature, forcer ses membres à un
travail auquel ils n'ont pas été habitués et rester à ce poste, non pas un mois, mais des années,
quelquefois une vie entière ?...

N'est-ce pas là une véritable mortification, le
martyre de l'amour-propre, et s'il en est qui
trouvent que ce soit peu, je leur dirai : Essayez

de suivre seulement un mois, mais fidèlement et généreusement, tous les points de vos saintes règles, et vous ne rêverez pas une vie plus mortifiée, car je doute qu'il y en ait !

Hé ! dites-moi donc, n'est-ce pas de la mortification que de se maintenir sans trève dans cet esprit intérieur qui vous est recommandé, de faire deux fois le jour l'examen, non des ornements nouveaux de la chapelle, mais des résolutions, des pratiques de vertu, des actes omis et qu'on doit réparer ? Puis vient cette récréation qui doit nous refaire, et il faudra parler agréablement à cette compagne qu'on aime un peu, mais très-peu ; se rabaisser à cet esprit qui n'est pas très-élevé et se mettre à sa portée ; faire les frais de la conversation, alors qu'on n'aurait qu'un désir, dévorer dans l'ombre les amertumes de l'humiliation reçue le matin !

Oh ! que de mérites dans cette volonté de Dieu accomplie avec une telle fidélité, une telle mortification des goûts et des inclinations ! Mais c'est le martyre par excellence !

Et voilà la vie entière d'une Fille de la Charité digne de ce nom ! Voilà le divin de vos saintes règles, et il faudrait être bien aveugle pour ne pas l'y voir ! Le génie de saint Vincent, c'est le génie de Notre-Seigneur, sublime par sa simplicité même ! En observant vos saintes règles, non-seulement vous ferez le bien, mais vous le ferez parfaitement, puisant perpétuellement à la source de celui qui est toute perfection, imitant en tout celui qui vous est donné pour modèle, et dont l'imitation est la fin principale de votre institut. Ne l'oubliez pas, vous n'avez été choisies que pour honorer et imiter Jésus-Christ comme source et modèle de toute charité. Ce n'est donc qu'en suivant cette ligne droite de la volonté de Dieu, exprimée par les saintes règles, qu'une Fille de la Charité pourra marcher rapidement vers le ciel, dédaignant les créatures, et allumant partout le feu de la charité ! Oh ! que les gens du siècle connaissent peu, et comprennent mal la perfection à laquelle vous êtes appelées par ce premier article de vos saintes règles ! Certainement non, aucune communauté ne demande plus de mortification, plus de vie intérieure, plus de vertu solide ! Ce que Notre Seigneur a fait, les Filles de la Charité sont appelées à le faire. N'est-ce pas ce qu'il y a de plus parfait sur la terre ? Oui, une Fille de la Charité, par la pratique exacte de ses saintes règles peut atteindre à la plus grande perfection à laquelle une créature puisse arriver ! Car sa vie, c'est la vie du Sauveur ensevelie sous les ombres du tabernacle ; c'est la sublimité de la vertu cachée sous les dehors vulgaires de l'humilité et de la simplicité ; c'est l'holocauste perpétuel, c'est l'immolation par amour de l'être tout entier, et cela depuis le matin jusqu'au soir, depuis l'entrée au séminaire jusqu'à l'entrée au ciel !... Aussi vous devriez vous rendre à la lecture de vos saintes règles comme à un festin délicieux ! C'est la lecture du testament de votre divin Epoux, ce sont ses volontés suprêmes ! Quelle reconnaissance ne doivent pas éprouver vos cœurs pour le don d'une telle loi ! Quel amour pour un livre qui rattache votre volonté chancelante à la volonté divine, pour ce rempart qui vous garde de vos ennemis, et met votre salut éternel à l'abri ! Oui, je n'exagère pas, vous devriez aimer à lire vos saintes règles jusqu'à les posséder par cœur ; jusqu'à savoir, comme les Hébreux, non-seulement le nombre des chapitres, des articles, mais des mots et des lettres, de telle sorte que si tous les exemplaires venaient à être consumés par les flammes, on pût en retrouver le texte entier écrit en lettres d'or dans le cœur de chaque Fille de la Charité !...

SUR L'INDIFFÉRENCE.

... Qu'est-ce que l'état d'indifférence ? Notre bienheureux Père dit : C'est la disposition d'une âme dégagée de toute affection aux créatures, tendant à se porter à Dieu, cherchant en tout le bon plaisir de Dieu... La sainte indifférence, c'est une activité d'amour qui nous fait désirer uniquement le pur amour de Dieu. Oh ! que cette disposition vous convient et vous est nécessaire, Filles de la Charité !...

Quant aux motifs d'atteindre à cette sainte indifférence, en voici quelques-uns. C'est d'abord

le souverain domaine de Dieu sur vous. Dieu a
sur chacun de nous un empire souverain, il ne
doit donc recevoir de notre part aucune résistance..
D'ailleurs, pour travailler à sa gloire nous devons
être un instrument indifférent. Si l'artiste ne peut
conduire son pinceau, le manier à son aise, il ne
réussira jamais à faire un bon travail. Nous
sommes les instruments de Dieu ; et pour être un
bon instrument, il faut avoir un esprit soumis à son
domaine absolu, le laisser faire comme bon lui
semble... Et malheur à nous si nous manquions
de cette docilité !... Que diriez-vous de votre plume
si elle se refusait à exprimer votre pensée ? de
votre aiguille si, au lieu de faire une couture, elle
venait à vous piquer ?... Evidemment il est de
l'essence de l'instrument de se laisser conduire...

Un second motif, c'est que nous sommes les
membres de Jésus-Christ qui a été entre les mains
de son Père un instrument parfaitement docile.
En effet, est-il arrivé en ce monde avant le jour,
avant l'heure désignés par son Père ? Et cependant
il désirait ardemment délivrer le genre humain !
Pourquoi donc attend-il ? Parce qu'il était soumis
au bon plaisir de Dieu, son Père, participant de
son esprit, vivant de son amour. Imitons-le donc
en cela puisqu'il est notre chef et que nous
sommes ses membres !...

Et puis, et nos intérêts ? Songeons-y donc !
Vous savez de quelles ombres nos passions obs-
curcissent la vérité, de quelles ruses le démon

10

environne chacun de nos pas ! Nous sommes per-
dus si nous ne prenons généreusement les moyens
de déjouer tant de piéges ; et un des meilleurs
c'est la sainte indifférence. Sans cesse disons à
Dieu : mon Dieu, faites-moi connaître votre volonté
sur moi, votre bon plaisir ! Je ne veux que ce que
vous voulez !... En agissant autrement vous
agissez en enfants. Le petit enfant aime le fruit
vert, ne comprenant pas qu'il nuit à sa santé ; le
petit enfant comme le papillon, trouve le feu beau,
il s'en approche et veut jouer avec le feu... Hélas !
faute d'indifférence, combien de fois ne jouons-
nous pas avec le feu, combien de fois n'avons-nous
pas cueilli le fruit défendu !...

Et les inconvénients qui résultent de ce manque
général d'indifférence, qui pourrait les énumérer
et en calculer la portée ?... N'aurez-vous pas une
perturbation continuelle dans vos maisons, si vous
n'êtes pas soumises ? et vous ne le serez pas si
vous n'êtes pas indifférentes... On désire un
changement d'office... — Oh ! si c'était seulement
une salle de malades, ou des enfants à instruire !..
Mais ces vieux ?... Quel bien à faire ?... Ils ne
voient ni n'entendent ! ils sont dégoûtants, etc.
— Oh ! je ne me plais pas dans cette grande
maison ! On ne s'y connaît pas, il n'y a pas de vie
de famille !... Vivent les petites maisons !... —
Cette petite maison, mais c'est un étouffoir !...
il n'y a rien à faire !... je ne m'y habituerai
jamais !... — Et alors que de ruses, que de combi-

naisons, que de plans pour arriver à ce qu'on désire et ne faire que sa volonté !... Et le bon plaisir de Dieu ? Oh ! ne l'oubliez pas, il n'y a de grande maison que celle de l'Eternité ! Ici bas, votre maison est celle où Dieu vous veut, c'est-à-dire, celle où il vous a placées par la volonté de vos supérieurs ! Oh ! que le sens commun est rare aujourd'hui ! Si cela continue encore et progresse, il va devenir impossible aux supérieurs de gouverner !...

Au contraire, si vous étiez bien indifférentes, quel paradis que vos maisons ! que de grâces et de bénédictions !... Comme Dieu vous regarderait avec complaisance ! Il vous montrerait avec joie au démon comme il le faisait jadis de Job son serviteur... Quel délicieux tableau ! Quelle docilité, quelle promptitude de soumission !... Plus de murmures, plus de scandales, plus de plaintes, plus de lamentations ! On est toujours gai, on se contente de tout, on est heureux, en un mot, et on fait le bonheur des autres, supérieurs et compagnes !...

Ah ! voyons-le donc une bonne fois, voulons-nous être indifférents ? Le voulons-nous sérieusement ?... Oh ! oui, n'est-ce pas ? Prenons-en donc les moyens. Puisons cette sainte indifférence dans le cœur de Dieu, lui disant avec Notre Seigneur : *fiat voluntas tua !* Mon Dieu, que votre volonté se fasse, et non la mienne !...

Ensuite considérons bien si nous n'avons pas

d'attaches !... Rappelez-vous l'article de vos saintes règles : *Elles n'auront aucune attache déréglée aux lieux, aux personnes, pas même à leurs parents ou à leurs confesseurs... Car elles doivent se rappeler cette parole du Sauveur : Si vous ne quittez père, mère, frères et sœurs, vous n'êtes pas dignes de moi !* — Voici encore un petit article : *Elles n'auront aucune attache déréglée pour aucun office...* — Prenez donc garde et que vos pieds restent collés à cet office quand vous désirez le quitter. N'ayez que l'attache nécessaire pour en faire un bon usage, et quand Dieu commande, sachez le prendre et sachez l'abandonner. Agir autrement, c'est abuser des moyens les plus saints. — Mais rester dans tel emploi, dans telle maison, quel sacrifice et quelle amertume ! — L'amertume? mais c'est excellent pour la santé ! Acceptez-la en esprit de foi ! N'était-ce pas la disposition de saint Vincent ?...

Saint Martin, contemplant le ciel, disait à Dieu : « Seigneur, si vous me trouvez encore utile à votre gloire, je ne refuse pas le travail ! » Il ne craint pas de mourir, il ne craint pas de vivre ; voilà la sainte indifférence qui fera de vous des hosties immolées au bon plaisir de Dieu. Notre Seigneur a choisi cet état qui est le plus saint. Il est notre modèle ; à nous de l'imiter ! Qu'on le tienne caché au Tabernacle, qu'on l'expose, il ne se plaint jamais ! O amour qui consume tout !... Etablissez-vous dans cet amour, vous serez vite établis dans

l'indifférence ; vous deviendrez alors de vraies
hosties, et vous mériterez un jour d'être transpor-
tées dans les Tabernacles éternels !...

AVIS SPIRITUELS.

SUR LA RÉNOVATION DES SAINTS VŒUX.

Il faut renouveler les vœux de telle sorte que
les vœux vous renouvellent en renouvelant la vie
de Jésus-Christ en vous. Or, ce renouvellement,
s'il est vrai et digne de ce nom, devra vous rendre
capables de sacrifices quelconques ; il vous fera
opérer les œuvres du zèle ou de la charité qui
s'immole.

Double motif de bien faire cette rénovation :

1º Vous avez mille raisons d'être satisfaites de
votre adorable Epoux ; il a été pour vous si libéral,
si tendre !... Vous n'en avez aucune de le délaisser
pour donnner votre cœur à quelque créature.

2º Votre céleste Epoux a bien des motifs d'être
mécontent de vous ; vous n'en avez aucun de le
mécontenter davantage.

Moyens de mieux observer désormais les saints
vœux :

1º Etre dans la disposition de les observer à l'i-
mitation de Notre Seigneur et en union avec Lui.

2º Renoncer énergiquement et continuellement
à soi.

3º Demander fréquemment à Dieu de faire fructifier sa grâce en nous.

4º Mieux observer les règles.

5º Vigilance et fuite des occasions.

SUR LA COMMUNICATION.

1. *Avant* de faire la communication, il faut bien se persuader de ses avantages, du besoin que l'on en a, de l'utilité qu'on en retirera si on la fait bien. Dans ce but, méditer sérieusement sur l'importance de se bien communiquer, sur les moyens d'y réussir, et s'examiner sérieusement sur les divers points de la communication. Immédiatement avant, visiter le Saint-Sacrement et demander à Notre Seigneur la grâce de se bien faire connaître ; se présenter ensuite avec un désir sincère de s'avancer dans la vertu en se soumettant aveuglément aux avis du directeur. De cette façon, on évitera trois défauts bien ordinaires aux communications et qui les rendent presque nulles, savoir : y aller sans presque y avoir pensé ; la faire sans sincérité et sans désir d'en profiter ; enfin ne la pratiquer que par manière d'acquit et à contre-cœur.

2. *Pendant* la communication, on doit s'élever au-dessus des sens par la foi ; ne voir dans la personne du directeur que celui dont il tient la place; dire simplement le bien et le mal qu'on a fait, suivant l'ordre indiqué ; quand on a tout dit, prier

le directeur de vouloir bien nous avertir des défauts qu'il a pu remarquer en nous.

3. *Après* la communication, se retirer devant le Saint-Sacrement, remercier Notre Seigneur de la grâce qu'il vient de nous faire, et lui demander celle d'en profiter en suivant exactement les avis du directeur. Lorsqu'on s'aperçoit qu'on a fait quelque faute notable contre la vertu à pratiquer, un excellent moyen de ne pas retomber, c'est d'aller au plutôt le déclarer à son directeur, lui demandant pour cela une pénitence et de nouveaux avis, s'il le juge à propos.

AVIS DIVERS.

1. Du plus grand mal, Dieu peut tirer le plus grand bien. Marchons sur ses traces, et, par l'effet d'une vraie et profonde soumission, changeons nos peines en grâces, nos épreuves en mérites, tous nos sacrifices en offrandes, afin de n'être plus nous-même qu'une libre et volontaire oblation. Ah ! si nous savions unir notre raison avec la raison éternelle, au lieu de n'être que des patients, nous serions au moins des victimes !

2. Nous pouvons souffrir et être exercés par les autres d'une infinité de manières, et d'abord par leurs défauts ; il en est en effet de très-incommodes ; et pourtant ce qu'il y a de vraiment poignant dans la souffrance que nous en éprouvons, ne vient-il pas souvent de nous-mêmes ? Ne seraient-ce pas nos propres défauts qui nous font tant souffrir de

ceux des autres?... Tournons donc toute notre attention contre nous-mêmes ! On n'agit bien efficacement que sur soi... et, après tout, on a moins de peine et on a plutôt fait de se réformer soi-même que de réformer les autres.

3. Nos défauts et nos imperfections entrent pour beaucoup plus qu'on ne croit dans l'amertume de nos afflictions les plus réelles. Ce qui les rend insupportables est presque toujours ce que Dieu n'y avait pas mis... Et, souvent, une souffrance légitime en elle-même et cruellement intense n'attend, pour s'adoucir, parfois même pour disparaître, qu'un retour et un effort de plus sur nous-mêmes, ou un pas de plus vers Dieu.

PENSÉES DÉTACHÉES.

1. La piété adoucit tout ce que le courage supporte.

2. Il faut travailler sans cesse à rendre sa piété raisonnable et sa raison pieuse.

3. On ne doit jamais tant s'abandonner à Dieu que lorsque Dieu semble nous abandonner.

4. Les miracles sont les *coups d'Etat* de Dieu ; partant ils sont rares.

5. On acquiert en proportion de ce qu'on possède.

6. Dans toutes les choses difficiles la Providence a placé un charme connu seulement de ceux qui osent les entreprendre.

7. Les situations sont comme les écheveaux de

fil ou de soie ; pour en tirer parti, il suffit de les prendre par le bon bout.

8. On ne pardonne jamais assez ; mais on oublie trop.

9. Il faut tout faire pour les autres, ne serait-ce que pour se distraire de ce qu'ils ne font pas pour nous.

10. Le bien est lent, il monte. Le mal est rapide, il descend : comment s'étonner qu'il fasse beaucoup de chemin en peu de temps !

11. Le plus clair bénéfice d'une retraite, c'est d'en sortir toujours plus content de Dieu et plus mécontent de soi-même.

12. Se résigner, c'est mettre Dieu entre la douleur et soi.

13. Les caractères passionnés n'atteignent le but qu'après l'avoir dépassé.

14. L'injustice des hommes sert la justice de Dieu et souvent sa miséricorde.

15. Nous ne pouvons voir que dans le passé, et nous regardons toujours dans l'avenir.

16. Celui qui pour donner ne s'est point imposé de privations, n'a fait qu'effleurer les joies de la charité.

17. Allons toujours au-delà des devoirs tracés et restons en-deçà des plaisirs permis.

18. Le dévouement a ses hardiesses comme le génie.

19. On n'est riche que de ce que l'on donne ; et pauvre seulement de ce que l'on refuse.

LETTRES.

A UNE POSTULANTE.

En toutes choses il faut envisager le but et la fin. Or, le but de la vocation d'une Fille de la Charité est le même que celui de la Compagnie tout entière, laquelle est appelée à *honorer Notre Seigneur comme source et modèle de toute charité.* Mission sublime, s'il en fut jamais, et qui le cède à peine à celle du sacerdoce ; mission qui ne diffère de celle des anges que par la foi et l'espérance qui lui servent encore de soutien !

Quel sujet inépuisable de méditation vous trouverez à mesure que vous étudierez de plus près cette incomparable vocation si peu comprise dans le monde où l'on ne voit que le dévouement extérieur sans connaître le foyer intérieur qui l'alimente. Ces idées, ces préjugés du monde dont une âme qui s'en arrache souffre encore longtemps après l'avoir quitté, sont comme la poussière qui s'est attachée à vos vêtements ; petit à petit elle se détachera en la secouant.

Quand Dieu retire une âme du monde qui la charmait pour lui faire embrasser cette vie cachée et humble d'une Fille de la Charité, c'est un miracle de la grâce. Votre cœur, n'est-il pas vrai, est fatigué de la fausse monnaie du monde et de ses vertus orgueilleuses et bruyantes ; oh ! quel charme ne trouverez-vous pas, dans quelque temps, à vivre simplement dans une maison où tout est pur, où tout est pauvre !

Ne perdez pas les fruits de cette grâce qui vous a été faite d'assister à la mort d'une sainte Fille de la Charité. Si sa mort a été sainte, c'est qu'elle avait été fidèle à la promesse qu'elle avait faite à Notre Seigneur de souffrir avec lui, pour lui gagner des âmes ; et quel était son secret pour cela ? *Elle s'oubliait !* Voilà toute sa vie ! Vous aussi, Dieu vous appelle à cette vie, il vous appelle à une perfection plus grande, pour pouvoir être rapprochée de lui à proportion dans l'éternité ; comprenez-vous cette grâce de prédilection, et pensez-vous qu'elle puisse se payer trop cher ? Demandez à Notre Seigneur de vous faire entrer plus avant dans ce mystère d'amour.

Laissez-là les considérations stériles et égoïstes ; ne vous repliez pas sur vous-même ; car il faut, au contraire, vous oublier et vous laisser mourir pour revivre ensuite de la vie stigmatisée d'une épouse de Jésus-Christ crucifié.

Pour cela faire, taisez-vous sur un passé encore trop présent avec ses douceurs et ses angoisses ; il le faut, car l'introduction à la vie que vous entreprenez, c'est de consentir à vous oublier et à vous laisser oublier.

C'est dans les plaies du Sauveur qu'il vous faut désormais chercher vos seules consolations, pour les répandre ensuite sur les vieillards, les enfants, les pauvres qui pleurent et souffrent, eux aussi.

Tant de cœurs vous attendent déjà au ciel ! Mais ce ciel, il faut que vous le gagniez par les sacrifices que Dieu demande que vous lui fassiez généreusement : sacrifices du cœur, de la liberté, de l'esprit, de ce jugement formé sur les idées du monde.

Méditez souvent la passion ; elle vous apprendra qu'il est facile de tout quitter et même de mourir quand, à la fin de la vie, on entrevoit Jésus tendant les bras à une bonne Fille de la Charité. Méditez ces quelques pensées, vous y trouverez votre mort et votre vie ; je vous laisse entre ces deux mots.

A DIVERSES FILLES DE LA CHARITÉ.

I. Vous vous plaignez de souffrir ! Et Jésus, n'a-t-il pas souffert pour vous sauver ? Et que peut-on faire de bon sans souffrances, je vous le demande ? Que sont les joies, les consolations du monde ? A quoi sert son estime, son approbation ? que vous en reste-t-il si vous les avez eues ? On a un peu parlé de vous; quelques parents et amis vous ont un peu pleurée, et déjà vous êtes morte pour le monde ; il passe à vos côtés indifférent et va son chemin !

Les tristesses, les craintes parfois vous accablent; regardez-les comme une juste expiation des plaisirs passés ; unissez-les à celles que Notre Seigneur endura à Gethsémani.

Vous surmonterez plus facilement les tentations quand vous aurez fait à Notre Seigneur, dans votre cœur, la place qu'il demande ; quand vous l'aurez déblayé, débarrassé de l'amour excessif de vous-même et des créatures ; comment donc hésitez-vous encore à quitter généreusement tout cela puisque vous en comprenez si bien la nécessité ? Les épreuves ont mûri le fruit ; cueillez-le donc.

Vous étiez habituée aux consolations et douceurs même dans l'oraison ; c'est possible ; mais vous étiez aussi habituée à mille douceurs du monde, et vous vous en passez bien maintenant ! Du courage ! Il faut des sacrifices complets ; et que le moment est favorable pour cela !

L'amour de Notre Seigneur dépasse toutes les bornes en ce jour de la fête de son divin cœur. La mère la plus tendre ne peut donner à son enfant que sa fortune et un aliment mortel ; mais Notre Seigneur nous donne son sang et se laisse lui-même à nous par son testament sublime. Pour célébrer cette fête, faites un feu de joie de vos souvenirs, de vos regrets, de vos soupirs stériles !

Entrez dans l'esprit de la sublime mission des Filles de la Charité. Cette pensée ne vous fait-elle pas tressaillir de bonheur et n'allume-t-elle pas en vous l'ardeur de la charité que Jésus-Christ nous a laissée pour héritage ? Prosternée aux pieds de la grande victime du tabernacle, trouverez-vous des expressions pour lui témoigner votre reconnaissance de ce qu'Elle a daigné abaisser ses regards sur vous et faire choix de votre âme pour se l'associer, pour sauver les âmes des pauvres !

S'il y a des renoncements qui vous coûtent quelques larmes, plus tard il vous sera donné d'en sécher de bien douloureuses et de les changer en larmes de repentir. Si le dégoût vous presse quelquefois au milieu de travaux rebutants pour la nature, en revanche il vous sera donné d'aller à ces pauvres malades qui meurent d'ennui sur un grabat ou dans la désolation du remords et de l'isolement. Hélas ! ils ne savent pas lever leurs yeux vers le Sauveur ! A la Fille de la Charité la mission de le leur enseigner !

Votre divin Epoux vous supplie en ce moment de ne lui rien refuser. Il veut faire de votre âme un cénacle où brûlera sans cesse son flambeau et où il reposera comme dans un ostensoir tout environné et parfumé de l'encens de vos souffrances et de vos sacrifices !

II. La faim donne du goût aux aliments les plus grossiers ; oh ! qui vous donnera d'avoir cette faim céleste qui fait trouver du charme dans les travaux les plus rebutants à la nature ? Quelle lumière transformera les objets et les choses aux yeux de votre âme ? Ce sera la vue de l'anéantissement de Jésus au Tabernacle ; en le considérant souvent, vous l'aimerez ainsi anéanti pour vous ; et en l'aimant, vous brûlerez du désir de l'imiter ; car on copie ce que l'on aime. Laissez tout le passé avec ses bruits lointains, ses misères, sa poussière. Tout cela n'est rien !

Quel avantage on trouve dans cette vie de communauté qui, nous ôtant cette liberté dont parfois on est si embarrassé, et dont surtout on abuse si souvent, vient, avec sa règle inflexible, fixer et redresser cette volonté capricieuse et lui dire à chaque heure ce qu'il faut faire. Au lieu de vous demander, comme autrefois : que dois-je faire ? quel est le mieux ? où est la volonté de Dieu ? la règle est là vous disant toujours : voilà ce qu'il y a de plus parfait, de meilleur, de plus agréable à Dieu. Oh ! l'obéissance, l'abandon de sa volonté, c'est l'acte le plus excellent, l'hommage le plus sublime qu'une pauvre créature puisse rendre au créateur ; ne lui donne-t-elle pas tout, en lui donnant sa volonté, sa liberté !

Aussi, ce grand acte d'une vie immolée par l'obéissance, Notre Seigneur l'a accompli, et par son exemple, le seul vraiment grand, il provoque l'humble générosité de sa pauvre créature ; considérez souvent ces actes sublimes de l'incarnation, de la rédemption !...

Voici la servante du Seigneur, dit Marie à l'ange; *Fiat !* Vous pourrez le dire aussi, ce *fiat* de l'anéantissement de vous-même, si vous êtes fidèle à l'accomplissement de vos devoirs et dans les détails qui vous gênent. La cloche sonne : *Fiat !* Il faut se lever et se rendre à cette lecture : *Fiat !* interrompre ce travail pour soigner ce malade, cet enfant : *Fiat ! fiat !* oh ! comprenez ce mot sublime qui a créé le monde et ensuite l'a sauvé !

Notre Seigneur ne craignit pas de le dire, alors

cependant qu'il devait. tant affliger sa mère et saint Joseph ! Craignez de confondre les élans d'une nature mobile avec les inspirations vraies de la grâce ; la piété n'est pas un entraînement, une poésie ; elle est un dévouement, un travail, une souffrance, un échange d'amour entre le Verbe qui s'abaisse jusqu'à notre infirmité et le moi humain qui s'immole pour s'unir à cet Epoux céleste !

L'avancement dans la vertu, la perfection de cette même vertu, est dans cette destruction qui nous coûte tant ; verité que les saints ont si bien comprise ! La nature peut faire faire des prodiges quand on l'admire ; mais la grâce qui sollicite à suivre Jésus-Christ demande qu'on apporte un cœur petit, soumis, mortifié, prêt à entrer dans une vie cachée, crucifiée et toute eucharistique.

III. Pour les grands sacrifices, c'est Dieu qui s'en charge, sachant que nous n'aurions pas le courage de nous les imposer ; contentons-nous de faire les petits qui se présentent. Ce n'est pas notre toison que Dieu nous demande, c'est notre cœur, c'est nous-mêmes ! Donner, c'est un bonheur, souvent même un honneur ; aussi le fait-on facilement ; mais se donner, oh ! c'est bien autre chose ! se donner, c'est suivre Jésus-Christ au mépris, à l'humiliation, à la désapprobation ! voilà où ne peut aller la piété rêveuse et égoïste du monde. Le rêver, en admirer le brillant et lointain nuage, on arrive bien encore jusque-là ; mais entrer dans la voie, oh ! qu'il y a peu d'âmes dans le monde, même se disant pieuses, qui franchissent le pas de l'amour qui s'oublie et qui s'immole ! Cet amour désintéressé et oublieux de ses aises est cependant ce lion de Juda auquel rien ne résiste ! O piété du monde ! que tu es mensongère et fausse ! esprit du monde, que tu es léger et trompeur ! Sa vanité s'étend jusque sur un catafalque, entre jusque dans un cercueil et un mausolée où gît peut-être celui ou celle que le feu brûle ! Mais les vers ne font pas attention, ils ne respectent pas ces idoles encensées par le monde ; peu leur importent, à ces vers destructeurs, et les dignités, et les richesses, et les titres, et les pierreries ! poussière et pierres à leurs yeux, comme celles de nos grands chemins; là on les casse pour les fouler aux pieds ; ailleurs les idoles du monde s'en parent pour se faire admirer dans des fêtes. *Sursum corda !* Quand donc ferons-nous la translation de nos cœurs alourdis et appesantis jusque dans ce ciel qui nous est destiné, ou plutôt dans le cœur de Jésus venu sur cette terre pour nous apprendre que tout y est vanité ! Nous ne pensons pas assez à ce que nous acquérons par le peu que nous quittons ; cinq minutes au pied de la croix suffiraient pour nous le rappeler. La lutte ne dure pas toujours ; la voie s'aplanit ; mais cependant toujours, si nous voulons gagner des âmes, il faut, comme Notre Seigneur et avec lui, nous présenter devant son Père les mains pleines de souffrances, de croix, de sang, pour les payer !...

11

IV. Quand vous êtes faible, Notre Seigneur est fort en vous, sa grâce vous suffit. L'esprit de saint Vincent doit vous remplir de confiance et d'amour. Si vous ne pouvez travailler, vous pouvez du moins offrir vos souffrances pour obtenir cet esprit pour les âmes qui en ont le plus besoin. N'êtes-vous pas aussi bien tout à Notre Seigneur ici que là ? que vous importe où il vous veut ? la charité s'exerce partout. Soyez dans vos rapports avec les gens du monde comme un apôtre ayant le cœur brûlant du feu de votre mission de charité ; malgré vos faiblesses et vos misères, Dieu vous donnera grâce pour travailler à la moisson ; entre les mains de Dieu les obstacles deviennent moyens pour les âmes de bonne volonté.

V. Vous vous demandez si Dieu veut de vous. Eh bien ! sans tant raisonner, dites lui que vous voulez de lui ! Il crucifie votre activité, votre imagination ; tant mieux, puisqu'il faut que la nature meure. Il vous faut passer par les phases de son crucifiement. Que faisait-il sur la croix ? pouvait-il agir ? Non ; il ne pouvait que souffrir, acquiescer et prier. Dans l'hostie, est-il assez réduit à l'apparence de cadavre et de mort ? Sachons donc souffrir et mourir aussi à nous-mêmes, ne nous occupant pas de ce que nous sentons et endurons ; oublions-nous !...

Vous trouvez cela trop sublime ; cette vie vous paraît trop haute, trop au-dessus de vos forces ; aussi n'est-ce pas en elles qu'il faut vous confier

pour y arriver ; mais en voyez-vous une autre qui
vous convienne mieux ? Mettez ensemble toutes les
affections de la terre et dites-vous : Notre Seigneur
m'aime plus que tout cela ; il m'aime d'un amour
de père, de mère, de sœur, d'époux, d'enfant ! Et
cette vérité est certaine. Mais dans ce moment vos
désirs les plus pieux vous semblent des illusions ;
les tentations vous déchirent; eh bien ! dites-vous :
le ciel en est le prix ! Les actions les meilleures, les
bonnes œuvres les plus multipliées ne valent pas
l'acquiescement de votre volonté à cet état d'union
à Jésus victime, à Jésus immolé. Tout vous semble
conspirer pour vous écraser ; le découragement
vous engage à vous reporter sur vous-même ; c'est
l'heure de la lutte, c'est l'heure du mérite ! Quand
on accepte une si douloureuse épreuve sans se
laisser ébranler, sans se permettre de regarder en
arrière, c'est plus que faire l'aumône, car c'est le
crucifiement !

Avez-vous remarqué, et si vous l'avez fait, dites-
moi comment il se fait que ce soient les violons les
plus brisés, les plus raccommodés, qui produisent
les sons les plus harmonieux ? Ainsi en est-il des
âmes entre les mains de Dieu. Le métal ne reçoit
bien l'empreinte du souverain que quand il a été
fondu, aplati, arrondi et taillé ; ainsi de nous !...

Que de novices, au séminaire, soupirent en
disant : J'étais bien plus fervente dans le monde !
Elles avaient cette chapelle, cette messe, cet abbé,
cette heure de méditation qui les rendaient si heu-

reuses ; elles étaient contentes de tout, et surtout d'elles-mêmes !... Mais il faut passer de ces états de ferveur très-sensible et très-sentie, de la douce contemplation du moi, à la contemplation et à l'imitation sérieuse de la vie pauvre et humble de Jésus délaissé, oublié, méconnu, obéissant et caché dans la boutique d'un charpentier ! Jésus tenant et maniant le rabot d'un artisan de ses mains divines ! quelle leçon ! quelle leçon pour l'âme qui veut comprendre ! Oh ! piété du monde, si savante, si poseuse, si sage, si ennemie de la mort à soi-même, que tu endors de jeunes cœurs !...

Aussi quel étonnement est-ce pour cette pauvre âme, quand Dieu lui arrache le bandeau et l'éclaire pour la faire marcher à sa suite, pour la conduire à la contemplation de la crèche, où tout est si simple si petit, si pauvre ; ensuite à Nazareth, où tout semble si ordinaire, si commun ; de là à la croix où tout est si infamant, si ignominieux ; et enfin lui dire au cœur qu'il la veut parmi les Filles de la Charité que le monde regarde comme si ignorantes, si grossières, si peu éclairées dans les voies de Dieu ! Piété et vie trop humbles pour être comprises par le monde !

Pour vous, assez heureuse pour avoir entendu et suivi cette divine voix, ah ! laissez maintenant faire le divin Maître ! laissez-le tailler à son gré ; ne retardez pas ses divines opérations; soyez comme la pierre, comme la meule qui se laisse tourner et frapper. Un jour, une Fille de la Charité accablée de peines s'écriait : Oh ! oui, Seigneur, j'accepte tout ! mais donnez-moi une âme de pécheur repentant ! Dites de même...

VII. Vous êtes heureuse d'avoir été appelée à la possession de l'unique nécessaire ! L'âme insatiable pourrait-elle se nourrir de la multiplicité de ces riens de la terre, elle qui ne peut être remplie que par cet éternel objet qui est Dieu ! Le vide que Dieu attend se fait dans votre cœur. Oh ! cœur humain, lavé dans les larmes et le sang d'un Dieu, ne t'empresse donc plus à courir après les fantômes ! reste en paix près de Celui qui veut bien être ton éternelle et trop grande récompense ; enfante-le sans cesse, et dans ton cœur en mourant à tout, et en le faisant vivre dans les âmes qui t'entourent...

VIII. Ne soyez pas surprise si le démon du découragement vous attaque ; il sait combien de gloire vous procurerez à Dieu, quand son amour dirigera tous vos actes pour le ciel ! Les ruses qu'emploie cet ennemi de votre bonheur, réussiront-elles à prolonger vos illusions et à vous laisser croire que les créatures et les affections les plus saintes peuvent satisfaire un cœur que Dieu a fait insatiable ? J'espère que non, car les miracles de grâce que Dieu a faits pour vous prouvent trop que Dieu veut être l'unique objet de vos affections et de votre amour. Essayez de donner à Notre Seigneur autant de consolation que vous lui avez occasionné de tristesse, et vos tristesses actuelles seront un jour changées en joies. Impatiente des obstacles, vous voudriez atteindre de suite à la perfection qui est l'œuvre de toute la vie ; unissez cette activité aux ardeurs du cœur de Jésus ; elle deviendra plus calme, plus forte, plus persévérante dans ses efforts.

IX. Vous êtes étonnée de mon indulgence, et vous vous attendiez à plus de sévérité. Avez-vous donc oublié la parabole de l'enfant prodigue, de la dragme retrouvée ? Est-ce que l'adorable modèle, qui déployait les rigueurs de son zèle contre les scribes et les pharisiens, n'accueillait pas les pauvres pécheurs avec une miséricorde pleine de suavité ? Sans doute vous avez abusé de bien des grâces, et votre cœur m'apparaît sous la livrée du prodigue ; mais plus il me paraît misérable, et plus la compassion de mon Sauveur me presse de plaindre au lieu de gronder.

L'enfant des douleurs de mon Dieu est accablé sous le poids de ses fautes et de ses remords, et Dieu me dit au cœur : Relève son courage ; car je veux en faire l'objet de ma conquête, l'instrument et l'objet de ma miséricorde ; il faut que beaucoup de péchés lui soient pardonnés, afin de lui apprendre à beaucoup aimer le Dieu qu'elle a offensé, pour qu'à son tour elle me venge en me faisant aimer et en me gagnant des âmes ! Les ruses du démon pour vous montrer l'impossibilité d'arriver à la sainteté ne m'étonnent pas ; il fait son métier. Méprisez ses suggestions ; concluez le contraire de ce que vous dit ce Père du mensonge et vous

serez dans le vrai. Dieu, au contraire, veut votre
sainteté ; sa bonté envers vous le prouve ; vous le
pouvez avec sa grâce, non tout d'un coup, mais
petit à petit ; cette grâce vous associera aux parfaits pénitents en imprimant à votre cœur l'impulsion qui l'élèvera de terre, l'arrachera avec une
force aussi douce que victorieuse aux illusions de
l'amour propre et aux entraînements de la nature.
Courage et confiance en celui qui a déjà tant fait
pour vous !...

X. Vous dites que, malgré votre désir d'avancer
dans la vertu, vous êtes toujours la même. Hélas !
peut-être cela vous semblera-t-il être ainsi jusqu'à
la fin ! Cependant faut-il vous croire perdue ?
Allons, soyez un peu plus humble et plus confiante
en Notre Seigneur ; au lieu de nous trop lamenter,
remercions-le de ce que nous ne sommes pas
encore plus mauvais, et pensons que ce n'est pas
seulement en faisant réellement très-bien, comme
certaines âmes, qu'on peut arriver au ciel ; mais
que peut-être la voie la plus ordinaire et la moins
dangereuse est d'y arriver en s'humiliant de ne
presque rien faire et de valoir si peu. Oh ! l'humilité, l'amour de son abjection qui nous ôte tout
appui en nous, nous n'en voulons pas ! Nous voudrions au contraire être contents de nous et pouvoir le croire de Dieu. Pauvre nature ! Notre bon
Maître, venu pour nous servir de modèle, a-t-il
fait des choses extraordinaires pendant trente ans?
Et croyez-vous qu'il ait perdu ce temps pour nous?

Non, non! Il nous fallait bien ce temps pour comprendre cette leçon si difficile et si répugnante à la nature. Ne nous faisons pas illusion ; l'humilité préserve et garde les saints, l'humilité sauve les misérables. Humilions-nous donc, humilions-nous toujours, et ne nous décourageons jamais !...

XI. Votre lettre me prouvera une fois de plus les sentiments de reconnaissance de votre cœur et vos besoins. Dirigez les uns et les autres vers le cœur de Jésus, source et modèle de toute charité, si vous voulez un remède efficace à vos maux ; puisque ce divin cœur est le centre de tout don parfait, à lui donc appartient l'hommage d'une gratitude vraiment chrétienne et religieuse ; et puisqu'il a dit : Venez à moi, vous tous qui travaillez et succombez sous le faix, qu'il soit donc en tout et toujours votre première consolation. Il le mérite d'autant plus qu'il a daigné vous choisir pour épouse; aussi son amour est jaloux des prédilections de votre cœur.

Concluez de ces principes que la première cause de vos souffrances est l'oubli de l'*Homme des douleurs ;* vous ne songez pas assez à Notre-Seigneur, à ce qu'il a souffert pour vous, à l'amour qu'il vous porte et aussi à tout ce qu'on lui prodigue d'injures et d'outrages. De qui doit-il attendre de la consolation, sinon de ses épouses ? et comment consoleront-elles son cœur, sinon en méditant et honorant sa passion, s'estimant heureuses d'y participer en souffrant aussi quelque chose.

Il a fallu que le Christ souffrît pour entrer dans sa gloire, parce qu'il venait pour expier les outrages faits à la gloire de son Père et sauver ses pauvres créatures. Or, *le disciple n'est pas plus que le maître ;* le chemin que le maître a suivi pour arriver à la gloire doit être suivi par le disciple, s'il veut arriver au même but ; les membres doivent avoir la même vie que leur chef. Ainsi l'ont compris tous les saints ; ainsi ont cru les fidèles épouses de Notre Seigneur, lesquelles ont exercé leur générosité non-seulement à accepter la souffrance, mais à la rechercher avec ardeur pour avoir plus de ressemblance à leur divin Epoux.

Le jour de vos saints vœux, afin de graver ces vérités dans votre cœur, on vous donna l'image de votre Epoux crucifié, vous disant de la serrer sur votre poitrine. Puisse ce mémorial n'être pas pour vous une vaine image, mais qu'il vous redise souvent ce que ma plume vous trace en ce moment ! Dès lors, ma chère sœur, l'aimable Jésus deviendra votre premier et intime confident : vous le bénirez quand il vous demandera de souffrir pour lui ; vous le conjurerez de faire que ces souffrances procurent sa gloire et expient vos offenses. L'expérience vous prouvera bientôt combien cette pratique adoucit la souffrance et lui communique même un charme préférable à toutes les jouissances humaines. Vous chercherez au tribunal de la pénitence le bienfait de la réconciliation, les conseils nécessaires à votre âme, et au tabernacle la force de les mettre en pratique en prenant la résolution de vous plaindre le moins possible d'autrui. Courage et persévérance ! Le ciel en est le prix !...

XII. Vous me demandez si cette lettre sera plus heureuse que ses devancières. En vérité, non ; comme les autres, ni plus ni moins, elle me prouve que votre cœur est toujours celui d'une fille pleine de confiance et de dévouement, mais un peu avide des consolations sensibles. Je sais tout cela depuis longtemps ; et ne l'écririez-vous jamais, je le saurais toujours. Dieu, le trait d'union des âmes et des cœurs, a mis en moi de ses sentiments paternels à votre égard ; voilà pourquoi je dis que votre dernière lettre ne sera pas plus heureuse que les autres. Demandez à Dieu qu'il vous donne l'intelligence et le culte du silence. Oh ! silence sacré, combien tu l'emportes sur toutes les paroles, puisque le Verbe incarné en fait ses délices ! Depuis dix-huit siècles, il demeure silencieux au tabernacle, continuant la grande œuvre de notre rédemption, priant, pardonnant, se donnant, s'immolant et accomplissant toutes les merveilles d'un amour infini dans un silence suprême !...

A nous d'honorer par l'imitation cette vie silencieuse dont nous mangeons le pain. Que ce pain nous semble doux et succulent, comme aux Israélites la manne, ou sec et dur comme du biscuit de mer, il n'en sera pas moins fortifiant ; tant mieux s'il brise les dents de l'amour propre tou-

jours avides de douceurs et de suavités sensibles ;
au moins alors nous servirons Dieu en l'aimant
pour lui et non en nous aimant en lui, attendant
les noces éternelles pour jouir de l'ivresse du
bonheur en Dieu !...

XIII. Rappelez-vous qu'il n'y a pas de cellule si
fermée, ni de solitude si profonde où le démon ne
pénètre ; mais aussi il n'y a pas de rue si peuplée
ni si bruyante où Jésus ne se trouve avec l'âme
fidèle, et avec Jésus cette âme unie à son Dieu
trouve toutes les joies et la paix même de l'oraison, au milieu du monde où l'appelle son devoir
de Fille de la Charité.

Notre Seigneur aurait pu rester dans le ciel à
prier pour nous. Il ne l'a pas fait, parce qu'il voulait donner à sa prière la force et la fécondité de
l'oblation et de l'immolation. Faire avec amour un
acte répugnant aux goûts et à la nature, c'est s'associer à la grande victime qui a porté le fardeau de
la croix. Ne dites jamais avec les mondains : Quand
donc sera-ce mon tour de jouir et de me reposer ?
Dites plutôt : jamais, jamais sur cette terre ! car
Jésus, lui, y souffre toujours ! toujours il est blas-
phémé, toujours il est oublié ! et toujours je veux
le consoler, je veux le soulager ! Sachez-le bien,
le sacrifice qui lui est le plus agréable, c'est celui
de la volonté propre, celui qui lui immole vos
répugnances, vos révoltes secrètes. Quand vous
hésitez à faire ce sacrifice, regardez l'hostie,
regardez cette divine horloge : elle marque tou-

jours l'heure de l'immolation ! Toujours aussi elle
vous demandera de faire ce qu'il y a de plus généreux, de plus parfait, de plus saint ; elle vous
dira toujours : courage, âme que j'aime, âme que
j'ai choisie pour être associée à mon immolation,
c'est le moment de te crucifier par amour pour
moi !

Habituez-vous à voir Notre Seigneur jusque
dans les moindres évènements, les illuminant de
sa splendeur. Du reste, après les festins qu'il nous
sert à la table eucharistique, tout ne doit-il pas
paraître amer et sans goût sur la terre ! Sachez le
chercher partout, l'aimer toujours et en tout pour
lui seul, et non pour vous. Aimez-le tant que vous
voudrez, tant que vous pourrez ; non pas comme
au désert pour y être seule avec lui, pour jouir de
lui ; mais au milieu du bruit, du tumulte, des travaux qui fatiguent et coûtent. Il nous a sauvés
par les travaux et les fatigues du Calvaire,
sachons de même lui enfanter des âmes dans la
douleur et l'immolation de ce qui nous plaît !

Aimez sans mesure ; mais que votre amour soit
patient et humble ; le grain de blé doit mourir
avant de produire, avant de devenir pain pour les
autres. Comment, du reste, ne pas aimer ce Verbe
de vie, cette parole du Père ? C'est le glaive qui
sépare l'âme d'avec elle-même ; il est le feu venu
pour tout consumer en nos cœurs ; il est l'archet
céleste qui sait faire vibrer toutes les cordes de
notre âme pour en tirer des sons dignes de Dieu !

XIV. Est-il possible qu'après avoir fait tous les sacrifices du cœur, vous trouviez difficiles ceux de l'esprit ? Le démon prend la forme d'ange de lumière pour vous cacher le souverain bien. Quand autrefois, une mère, une sœur chérie vous disait : Viens, j'ai besoin de toi, — ne quittiez-vous pas tout aussitôt ? Et maintenant Jésus, votre époux, vous dit : Viens me consoler, m'aider ! viens me tenir compagnie, m'écouter, t'entretenir avec moi ! Vous n'y allez pas ? Qu'est-ce qu'une piété qui ne veut pas se gêner, qui veut des appuis, des coussins, des provisions ; qui a peur de se trouver seule sans créatures avec le seul vrai bien ? Le véritable amour se concentre sur l'objet aimé : il ne cherche pas à se répandre au-dehors ; au contraire il craint tout ce qui brille, qui est extérieur, tout ce qui le montrerait aux regards des créatures ; il croit tout ce qui est incroyable, supporte ce qui est insupportable, espère ce qui est impossible, souffre ce qui est intolérable !...

Quand saint Thomas, ce grand docteur, eut parcouru tous les degrés de la science, il en revint à son crucifix et ne voulut plus lire que ce seul livre. Jouir et se satisfaire, voilà le cri de la nature déchue ; souffrir et se sacrifier, voilà celui de la croix, de la grâce, de l'amour véritable ! Comment prétendre que Dieu nous parlera le soir dans l'oraison, quand on l'a oublié toute la journée, qu'on n'a rien fait pour lui être agréable ! Prenez la résolution de venger sur vous, celui que

vous avez si souvent trahi ; tâchez de dédommager
Notre Seigneur de tant d'injustices que vous lui
avez faites ; demandez de lui ramener autant
d'âmes que vous en avez peut-être éloignées de
lui par votre tiédeur ; c'est ainsi que vous répon-
drez aux desseins de miséricorde qu'il a sur vous
et aux grâces dont il ne cesse de vous combler.

XV. Quand Notre-Seigneur vous a fait l'honneur
de vous choisir et de vous donner le titre d'épouse,
il vous a appelée comme à servir ; car il le dit de
lui-même, il n'est pas venu pour être servi mais
pour servir ; aussi vous vous faites gloire de vous
appeler servante, servante des membres de Jésus-
Christ ! Que ce titre ne soit pas un vain mot pour
vous! Le Maître est venu pour servir et la servante
n'est pas plus que le Maître. Et que nous a-t-il
servi ? Son sang ! L'épouse doit ressembler à son
époux et doit être prête à servir sa santé, sa vie
même, s'il le faut !

Quand donc il se présente un service à rendre à
ce divin Maître caché dans la personne d'un pauvre,
d'un enfant, d'une compagne, sachez apprécier
votre bonheur de pouvoir le lui rendre, et
donnez-vous de garde de vous laisser ravir ce
bonheur par d'autres, de vous faire remplacer. Si
vous avez à porter une tasse de tisane, un service
à rendre à un enfant, en y allant dites-vous : Je
vais soulager Jésus enfant qui est mon Epoux,
mon Dieu ! Il m'a servi ses souffrances, et moi je
vais lui servir cet adoucissement à ses maux ! Oh !

si vous aviez la foi vive, vous tressailleriez de bonheur ! Servir Jésus, quel honneur ! Consoler, faire quelque chose pour ceux qui tiennent la place de Notre Seigneur, faire quelque chose pour celui qui a tant fait pour vous ! car n'a-t-il pas dit que c'est à lui qu'on fait ce que l'on fait pour le plus petit des siens ? Aussi une Fille de la Charité qui se fait remplacer alors qu'elle peut rendre service à un pauvre, se rend indigne de son titre de servante de Jésus-Christ !

Oh ! apprenez, comme saint André dont on fait la fête, à honorer la croix de Jésus-Christ ! apprenez de lui à apprécier, à porter la petite portion de cette croix qui vous est échue ! Comme elle lui semblait radieuse et belle, cette croix préparée pour son supplice ! comme il s'élance vers elle pour s'y immoler à son Dieu ! comme il l'embrasse, comme il l'étreint, comme elle le ravit, parce qu'il la voit embellie par les larmes et le sang de son Sauveur ! Aussi il la salue avec des paroles pleines du feu qui le brûle : O croix, bonne croix, etc. ! Brûlez vous-même du même amour pour Notre Seigneur, et comme saint André, vous souhaiterez ardemment de souffrir pour lui montrer votre amour !...

XVI. Vous dormez à l'oraison ; cependant il faut veiller à la crèche de Jésus ! Oh ! Joseph et Marie, eux, ne dorment pas pendant l'oraison qu'ils font aux pieds du Sauveur qui vient de naître ! Allez à la crèche étudier les vertus de votre saint état

que vous devez pratiquer ; là, est la grande école,
là, est le maître éloquent, là, est le divin exemplaire, car l'enfant qui y est déposé vous enseignera toutes choses. Il vous enseignera l'humilité ; car il est si faible, si pauvre, qu'il faut toute
la foi des bergers pour reconnaître un Dieu au
milieu de tant d'abaissement ; il vous enseignera
la simplicité, en vous disant pourquoi il y souffre,
pourquoi il y pleure ! son intérêt, il l'oublie, il
n'y songe pas ! réparer la gloire de son père,
sauver les hommes, voilà le motif de tant d'abaissement ! Il vous enseignera la charité, car il est
lui-même la charité, et tout, à la crèche, n'est que
charité, c'est-à-dire amour ! C'est l'amour qui l'a
réduit à cet état, c'est l'amour qui l'y retient ; et
tout, dans ce petit enfant, ne parle que d'amour.
Vous trouverez aussi là, près de la crèche, la première Fille de la Charité ; et elle vous enseignera
ce qu'est la dignité du pauvre qui tient la place
de ce petit enfant ! Voyez avec quel respect, quelle
dévotion, quelle tendresse Marie prodigue ses
soins à ce premier pauvre entre les pauvres, Et
apprenez d'elle comment vous devez soigner
ceux qui vous sont confiés ! Tout est mystérieux
dans cette étable ; tout y est leçon, quand on
l'étudie ; et cette crèche même où repose le divin
Enfant, crèche où est habituellement déposée la
nourriture des brebis, ne vous dit-elle pas que ce
divin enfant doit être aussi plus tard la nourriture
des siennes ! Etudiez, admirez et mêlez des larmes

de regret et d'amour à ces larmes qui coulent de ces yeux divins !

Il n'est pas difficile d'être généreuse quand on aime. Voilà pourquoi Notre Seigneur donne, donne, et donne sans compter ! il se donne lui-même parce qu'il aime ses créatures ! ne comptez pas avec lui non plus !...

XVII. Rendez, autant que cela vous est possible, Jésus présent à votre cœur dans la personne de ceux qui vous entourent; Jésus enfant, dans votre classe ; Jésus ouvrier, dans les pauvres ; Jésus votre maître, dans vos supérieurs ; Jésus votre frère et votre ami, dans vos compagnes ! Ces pensées nourriront votre amour et votre foi. Quand Dieu vous aura bien humiliée, vous serez plus indulgente pour les misères des autres. Vous avez une ardeur extrême pour la vérité ; vous la cherchez, vous l'aimez, et quand vous l'avez trouvée, vous la goûtez ; mais vous regardez cette vérité avec la lumière qui brille, et prenant les principes, vous les appliquez avec un rigorisme extrême. Il faut, avec cette lumière qui éclaire, l'amour qui adoucit et excuse ; de là cette parole : Je ne comprends pas qu'une Fille de la Charité soit de telle et telle manière, fasse telle ou telle chose, etc. Pensez, en voyant les fautes des autres, à la bonté et à l'indulgence à travers lesquelles Dieu voit vos propres fautes ! et que sont-elles ces mêmes fautes à sa lumière divine? mais son amour vient les couvrir pour les pardonner !

12

Il aime tant ces mêmes pauvres créatures, sur lesquelles vous seriez tentée de faire gronder votre tonnerre ! Aimez-les du même amour, de la même charité, et vous sentirez naître dans votre cœur des excuses pour leurs manquements. Vous avez besoin de connaître Jésus-Christ au tabernacle ; votre cœur aime trop le beau, la perfection, pour jamais être satisfait hors de Dieu ; mais en lui il trouvera tout ce qu'il peut souhaiter de beauté, d'amour, de compassion pour ces faiblesses dont vous gémissez tant !

XVIII. Vous avez vécu doucement, paisiblement dans la famille ; il en a été à peu près de même depuis que vous êtes en communauté ; aussi connaissez-vous à peine les premiers mots de la science de la croix ; aussi rien qu'à la vue d'une petite croix votre âme épouvantée est prête à fuir sur la montagne ; cette vue seule vous trouble, vous épouvante ! Mais dans votre vie, vous n'avez donc jamais goûté la joie d'un *fiat* généreux prononcé dans un grand sacrifice ? Vous n'avez donc jamais senti ce qu'il y a de douceur et de paix dans l'âme, quand le cœur brisé, broyé, foulé aux pieds par les créatures, mais uni et plus près que jamais de celui du Sauveur au jardin de l'agonie, on s'écrie sous le poids de l'humiliation et de l'épreuve : « Mon Dieu, que votre volonté soit faite ! J'accepte ce calice que vous voulez que je boive ! » Eh bien ! je vous le dis en vérité, il y a dans la souffrance endurée près du Sauveur, des joies, des consolations, des douceurs mille fois plus suaves que toutes les joies que peut offrir le monde ! Si vous êtes généreuse, si vous êtes fidèle dans ce que Dieu demande, peut-être mériterez-vous qu'un jour Dieu vous envoie et des souffrances et des humiliations, et des déceptions, et même des mépris ! S'il vous fait cette grâce, rappelez-vous alors ce que je vous dis aujourd'hui et recevez ces perles du ciel avec action de grâces ; ce sont les bonbons que Notre Seigneur envoie à ses privilégiées, à ses épouses de choix, aux âmes qui lui sont spécialement chères et qu'il destine à lui être plus intimement unies !

Oui, croyez à votre misère et à celle des autres, car nous sommes tous bien misérables ; mais au tabernacle vous apprendrez à aimer, à chérir les misérables ; Notre Seigneur les aime tant !

Quand vous voyez des défections, gémissez, mais ne vous étonnez pas ; dites-vous : Judas avait été appelé, Judas avait prêché, fait des miracles, il avait aimé Notre Seigneur ; et cependant il l'a quitté ! Mon Dieu, gardez-moi ! car moi aussi je suis une misérable, et je pourrais vous trahir, si vous ne me souteniez !

Si vous voyiez l'église Notre-Dame de Paris soutenue en l'air sur douze brins de paille servant de colonnes, vous cricriez au miracle, n'est-ce pas ? Eh bien ! l'Eglise de Dieu, aussi bien que votre communauté, ne repose que sur des brins de paille, tant les créatures sont faibles ! Cependant l'Eglise subsiste et subsistera jusqu'à la fin du monde, parce que Dieu se sert de ce qui est faible, de ce qui se reconnaît faible pour confondre ce qui est fort !...

FIN.

Angoulême, imprimerie BAILLARGER, rue Tison d'Argence.

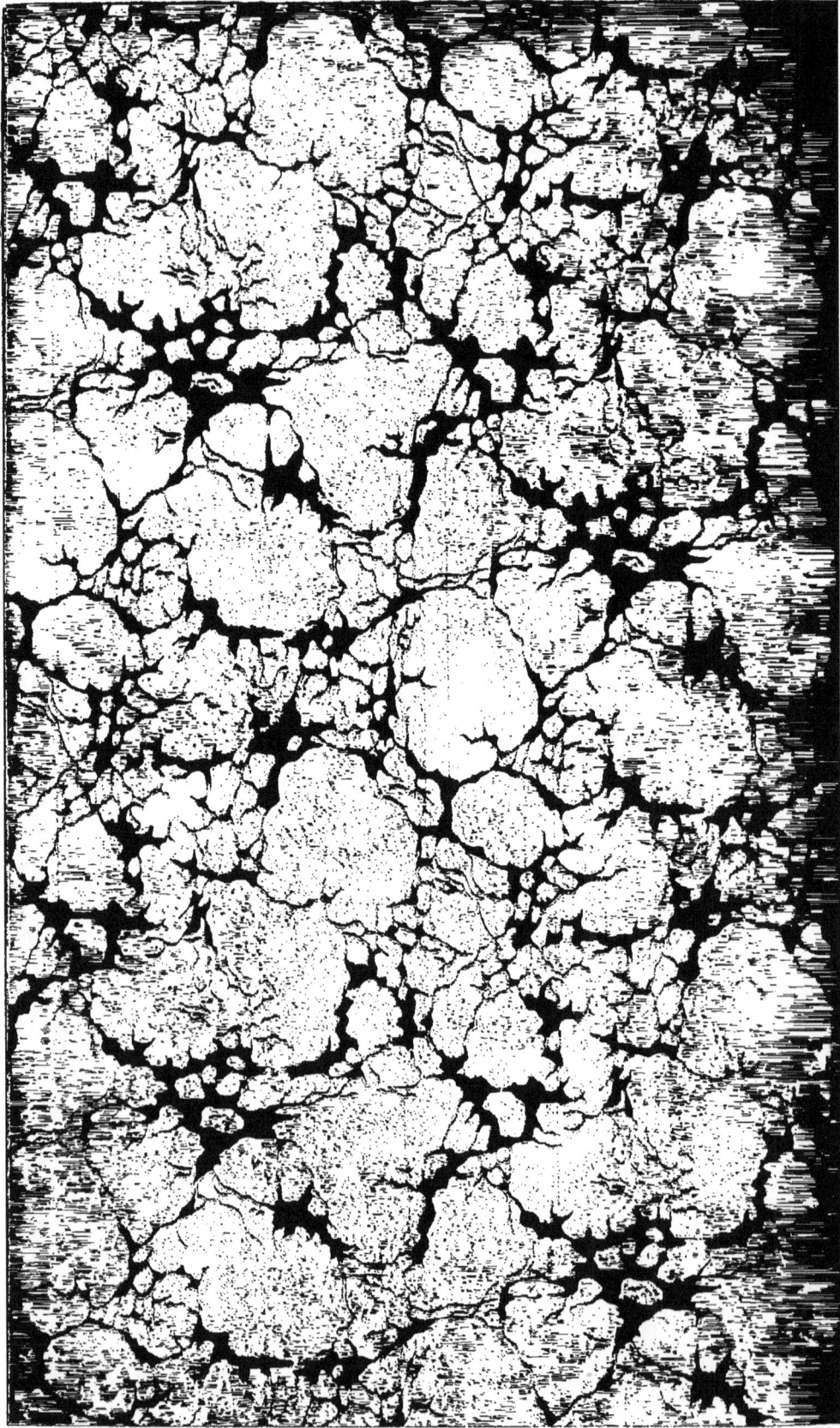

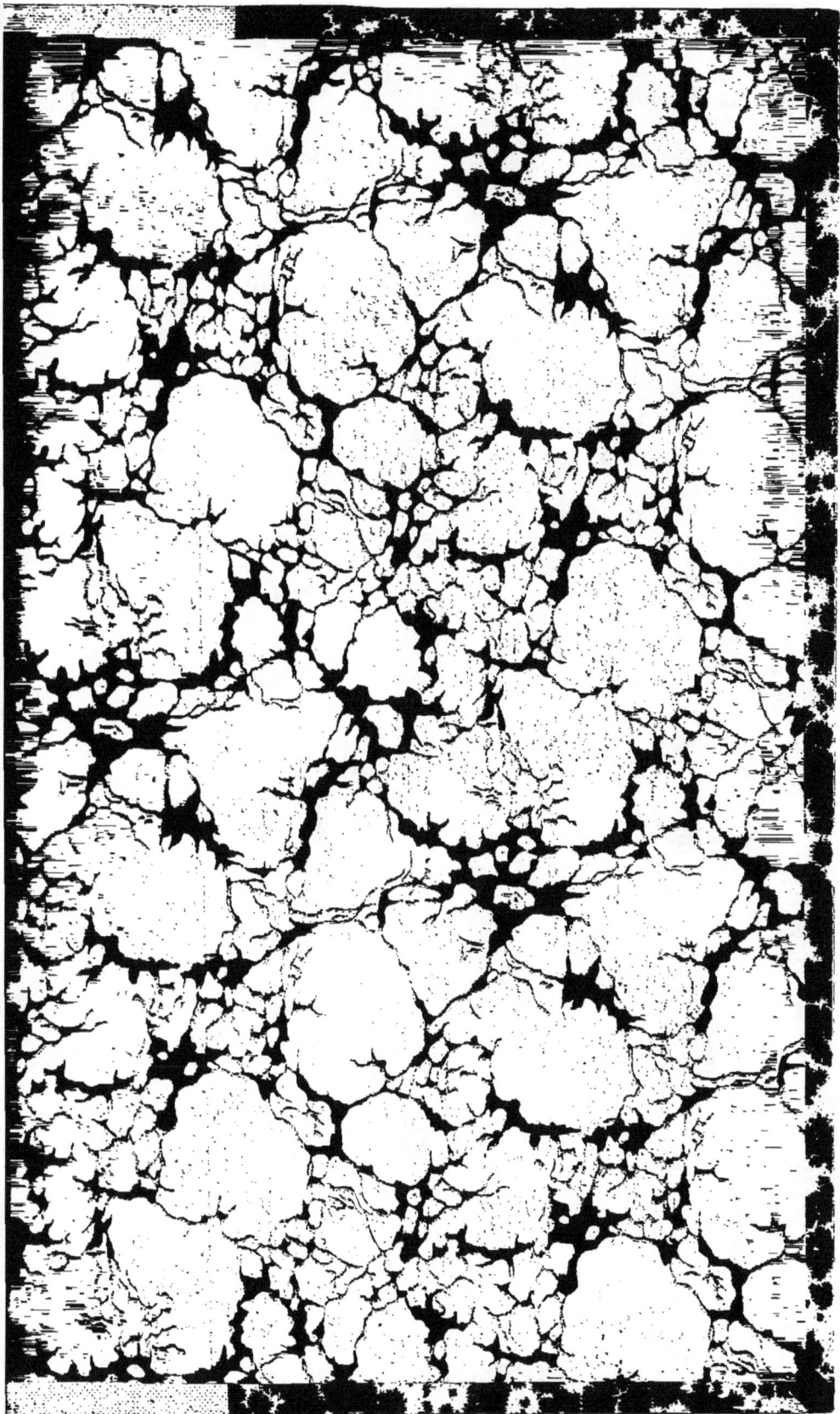

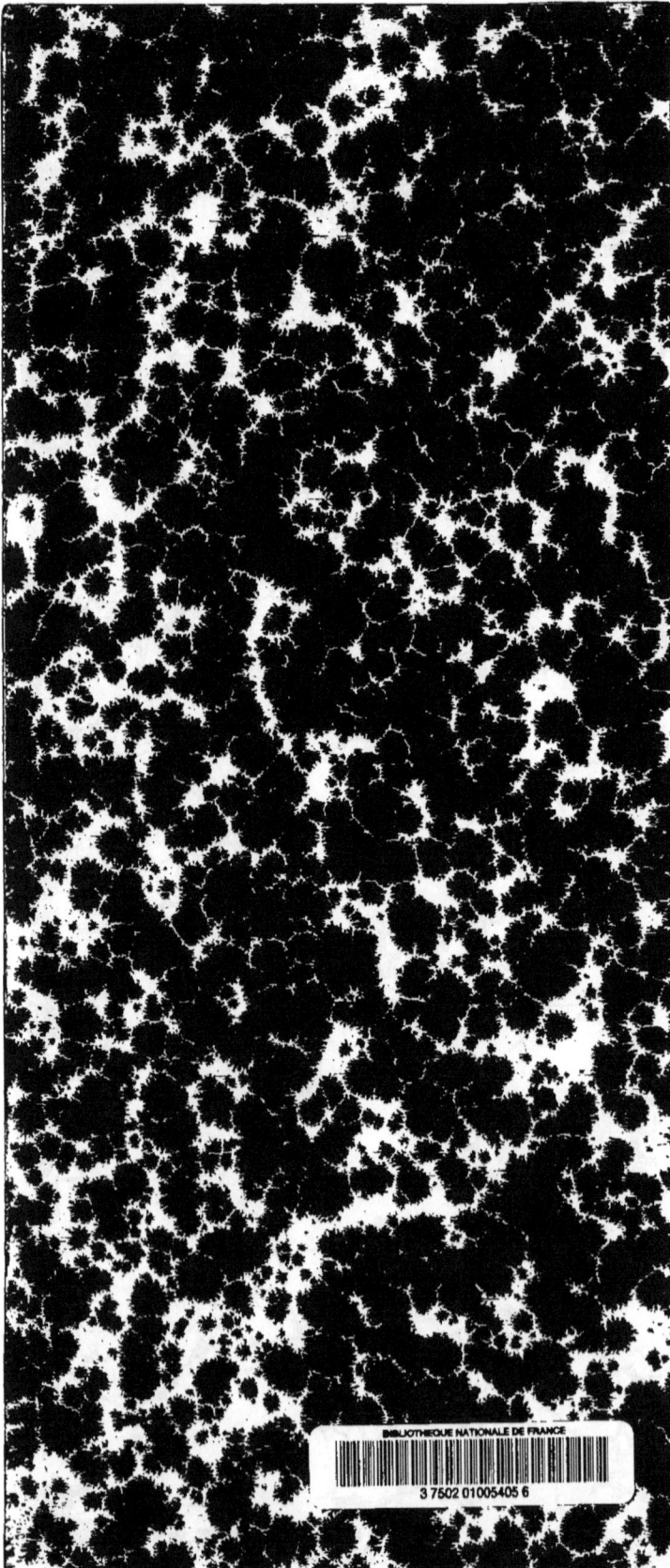

www.ingramcontent.com/pod-product-compliance
Lightning Source LLC
Chambersburg PA
CBHW070402090426
42733CB00009B/1504